Inconnu à cette adresse

KRESSMANN TAYLOR

Inconnu à cette adresse

Traduit de l'anglais (États-Unis)
par Michèle Lévy-Bram

Préface de Philippe Claudel

Éditions Autrement **Littératures**

*Remerciements à Hans Hopman
pour nous avoir fait connaître ce livre.*

De la perfection du crime et du texte

Le lecteur qui n'a pas le goût des armes devrait reposer immédiatement ce livre, car il contient sans doute la plus originale et la plus efficace d'entre elles qu'il ait été jamais donné de concevoir. Une arme parfaite pour un crime qui l'est tout autant. Un crime d'autant plus impeccable qu'il se joue à distance – une distance continentale ! – et qui néanmoins provoque la mort de la victime avec la plus grande efficacité sans que le meurtrier ait sur lui la plus petite goutte de sang, sans qu'il ait à s'occuper de la charge toujours fastidieuse et désagréable de transporter et de faire disparaître un cadavre et, cerise sur le macabre gâteau, sans même craindre un jour d'être arrêté, inculpé, jugé et condamné pour ce qu'il a fait.

Pour autant, on ne peut pas vraiment dire que le texte de Kressmann Taylor appartienne au genre policier, ni même à celui du roman noir. Pas d'enquête, pas de mystère, une arme, on vient de le dire, qui n'en a pas l'apparence, une mort dont on nous épargne les détails mais qu'on ne peut ignorer. Et si l'Histoire, celle contemporaine du temps de l'écriture, apparaît comme une composante importante du texte, un rouage central dans la construction de son intrigue, elle ne peut non plus à elle seule permettre de caractériser le récit qui prend l'apparence d'une correspondance entre deux amis, Max et Martin, propriétaires associés d'une galerie de peinture de San Francisco, mais dont l'un décide de regagner l'Allemagne, sa terre natale, que l'autre connaît également bien pour y avoir étudié.

Si le roman épistolaire use souvent de sa forme pour accréditer un effet réaliste et confronter directement le lecteur aux voix et aux mots des personnages, dans un rapport de haute intimité, comme si nul auteur n'avait été là pour les mettre en scène, Kressmann Taylor justifie plus encore, et de façon unique, le choix de cette forme car c'est par elle, grâce à elle, que soudain le suspense connaîtra son acmé et sa résolution. Je ne vois personnellement pas d'autres exemples d'œuvres littéraires dont la forme nourrit autant le sens et s'intègre dans la construction dramatique de l'intrigue, au point d'en faire viscéralement partie. Et ce n'est évidemment pas là le moindre tour de force de ce texte.

La profonde et sincère amitié, la trahison, la vénalité, l'effondrement des convictions, le double visage des êtres, leur facilité à renier ceux et ce qu'ils ont aimés, les petits et grands arrangements avec le Mal, la disparition de toute morale face à l'Histoire quand elle se fait terrifiante, la vengeance, voici le riche et complexe terreau qui nourrit le livre. Livre bref, et c'est là aussi un exploit de nous donner en si peu de pages l'opportunité de savourer et de s'horrifier des grands écarts opérés par les sentiments et les attitudes des deux protagonistes, Max et Martin, dans lesquels, pour peu qu'on se livre à un examen d'honnêteté, on devrait peu ou prou pouvoir se reconnaître même si cela est désagréable à constater.

À quoi résiste donc la solidité d'une amitié ? Le texte de Kressmann Taylor pourrait passer pour une expérience de laboratoire qui tenterait de répondre à cette question et, pour ce faire, mettrait en péril, par un ensemble de stimuli visant à la fragiliser, sa beauté exemplaire

9

qui est celle que l'on perçoit au début de l'histoire, dans la première lettre qui a valeur, dirait-on au théâtre, de scène d'exposition. Certains la trouveront peut-être d'ailleurs maladroite et naïve, cette lettre initiale, tant elle est chargée de l'intention de nous faire apprécier les détails indéniables d'une amitié profonde et partagée, et des moments de vie qui l'accréditent. Mais il ne faudra pas s'arrêter à cela, et encore moins en être gêné car si elle peint une manière de paradis, c'est pour mieux par la suite nous mener vers un progressif enfer.

Rarement un auteur aura à ce point joué avec son lecteur, non pas pour lui cacher des choses, mais pour les lui faire imaginer, et pour l'associer à une mécanique qui s'assemble progressivement en prenant l'aspect d'un piège diabolique, un piège de papier pourtant, dont la culmination n'est pas sans provoquer un frisson et une joie – j'entends une joie de lecteur, joie trouble d'avoir assisté à une mise à mort enchâssée dans un scénario parfait – que l'on éprouve souvent en regardant un film d'Alfred Hitchcock. Le cinéaste savait parfaitement développer l'histoire qui était le cœur de son scénario, mais il avait aussi le dessein, dans le même temps, d'associer le spectateur au déroulé qu'il mettait en place, en jouant sur ses peurs, ses sentiments, ses fantasmes, ses attentes et ses effrois, en faisant de lui également un complice, voire même une sorte d'inspirateur car il parvenait à lui donner l'illusion et la jouissance que son intelligence lui permettait d'imaginer et de devancer ce qui allait, dans les secondes ou minutes suivantes, se produire à l'écran. Le lecteur retrouvera ici aussi ce trouble jeu.

J'ignore si Hitchcock avait lu *Address Unknown* lors de sa parution en 1938 ou dans les années qui suivirent, mais le film qu'en avait tiré William Cameron Menzies, en 1944, se réfère par bien des points à la grammaire et au style hitchcockiens. Bien évidemment, il ne s'agit pas là de déceler chez Kressmann Taylor une quelconque influence de l'Anglais, son contemporain, qui n'avait pas encore atteint, quand elle rédigeait et publiait son œuvre, la notoriété et l'influence qu'il aurait par la suite, mais plutôt d'en prendre la mesure et de lui donner la place et la hauteur que l'histoire littéraire a tardé à lui attribuer.

Et j'en viens là à m'étonner d'un mystère qui m'avait d'ailleurs fait croire, lors de ma première lecture du texte au moment de sa parution française, à une supercherie : comment se faisait-il, me disais-je, qu'un diamant littéraire de cette eau n'ait pas été connu plus tôt en France et n'ait pas permis à son auteur d'accéder à une célébrité mondiale ? Je refusais de croire qu'un tel fait ait été possible, moi qui professais souvent et qui, n'ayant pas retenu cette leçon, continue à affirmer qu'il n'existe pas de chef-d'œuvre inconnu. Le roman de Kressmann Taylor le prouve bien pourtant, qui avait certes rencontré un large public lors de sa première publication, mais qu'on avait oublié assez vite alors qu'il avait une singularité et une puissance lui permettant de devenir, bien avant notre époque, un classique de la littérature mondiale.

J'aimais beaucoup cette sensation de supercherie qui avait été la mienne. Elle me paraissait redoubler mon plaisir de lecture. Non seulement je venais de découvrir une sorte de chef-d'œuvre, mais en plus je me disais qu'il était le fruit d'un complot visant à me faire croire qu'un auteur d'avant-guerre, dont je n'avais jamais entendu parler, avait imaginé la forme parfaite et avait de plus compris, au moment où beaucoup encore s'aveuglaient, que le régime nazi allait vriller l'âme des plus solides des hommes et pro-

voquer l'effacement et la mort, de façon pro-
grammatique, de celles et ceux qu'il considérait
comme des sous-hommes ou qui s'opposaient à
lui. Je trouvais cette acuité tout bonnement ana-
chronique.

Désormais, je ne peux que me rendre à l'évidence. *Inconnu à cette adresse* est bien un livre
rédigé et publié en 1938, dont l'auteur est une
femme, Kathrine Kressmann Taylor, qui a pré-
féré prendre un nom d'homme pour pseudonyme. Elle est véritablement née dans l'Oregon
en 1903, et elle est morte en 1996. Elle aura
travaillé dans la publicité avant de devenir
après-guerre professeur dans une université de
la côte Est. Son œuvre n'est pas très abondante
mais elle est réelle. Mon grand rêve de mys-
tification à propos de ce livre est donc bel et
bien mort. Il m'en faut faire le deuil. Mais je
me console en songeant que le tour de force
est plus impressionnant encore d'avoir, avant
même la tourmente née d'une idéologie folle
qui allait foudroyer le monde civilisé, réussi
dans un texte qui n'est pas un pamphlet, qui
n'est pas un essai, qui n'est pas un reportage,
qui n'est pas le fruit d'une humeur blessée, à
mettre en scène, de façon élégante et indirecte,
le Mal à l'œuvre. La chair du livre est réduite

à l'essentiel, mais elle palpite : deux amis de jeunesse, deux amis intimes, deux frères de sang, des figures périphériques, épouse, enfants, sœur, qui donnent à leur relation l'épaisseur d'une humanité vraie, une humanité contrainte de se révéler quand près d'elle, autour d'elle, le monde vacille. Il y a ici la matière du tragique, du tragique profond et éternel. Face à des choix qui le font hésiter entre la préservation de sa vie, de celle des siens, et le regard froid de la morale, qui nous voit et nous juge même au sein des ténèbres, l'homme peut parfois balancer. Il peut aussi chuter sans fin.

Inconnu à cette adresse, dans la rapidité de son déroulement que sa brièveté même accentue, déploie un vaste paysage, qui va du calme des beaux jours à ceux terriblement amers de la trahison, du reniement et de la vengeance. Le texte avance vers l'abîme et nous fait passer du grand ciel bleu de Californie à celui bas et noir, apocalyptique, d'une Allemagne devenue folle, et tout cela, sans grand effet mais avec une trouvaille géniale, tout cela avec quelques lettres, simplement quelques lettres, qui ne sont que des mots sur du papier, comme la littérature peut l'être, des lettres faites de lettres, de lettres de rien avec lesquelles on forme aussi bien des mots d'amour que des mots de mort.

Philippe Claudel,
mars 2015

GALERIE SCHULSE-EISENSTEIN,
SAN FRANCISCO, CALIFORNIE, USA

Le 12 novembre 1932

Herrn Martin Schulse
Schloss Rantzenburg
Munich, ALLEMAGNE

Mon cher Martin,

Te voilà de retour en Allemagne. Comme je t'envie... Je n'ai pas revu ce pays depuis mes années d'étudiant, mais le charme d'*Unter den Linden* agit encore sur moi, tout comme la largeur de vues, la liberté intellectuelle, les discussions, la musique, la camaraderie enjouée que j'ai connues là-bas. Et voilà que maintenant on en a même fini avec l'esprit hobereau, l'arrogance prussienne et le militarisme. C'est une Allemagne démocratique que tu retrouves, une terre de culture où une magnifique liberté politique est en train de s'instaurer. Il y fera bon vivre.

Ta nouvelle adresse a fait grosse impression sur moi, et je me réjouis que la traversée ait été si agréable pour Elsa et les rejetons.

17

Personnellement, je ne suis pas aussi heureux que toi. Le dimanche matin, je me sens désormais bien seul – un pauvre célibataire sans but dans la vie. Mon dimanche américain, c'est maintenant au-delà des vastes mers que je le passe en pensée. Je revois la grande vieille maison sur la colline, la chaleur de ton accueil – une journée que nous ne passons pas ensemble est toujours incomplète, m'assurais-tu. Et notre chère Elsa, si gaie, qui accourait vers moi, radieuse, en s'écriant : « Max, Max ! », puis me prenait la main pour m'entraîner à l'intérieur et déboucher une bouteille de mon schnaps favori. Et vos merveilleux garçons – surtout ton Heinrich, si beau... Quand je le reverrai, il sera déjà un homme.

Et le dîner... Puis-je espérer manger un jour comme j'ai mangé là-bas ? Maintenant, je vais au restaurant et, devant mon rosbif solitaire, j'ai des visions de Gebackener Schinken, cet exquis jambon en brioche fumant dans sa sauce au vin de Bourgogne ; et de Spätzle, ah ! ces fines pâtes fraîches ; et de Spargeel, ces asperges incomparables. Non, décidément, je ne me réconcilierai jamais avec mon régime américain. Et les vins, si précautionneusement déchargés des bateaux allemands, et les toasts que nous avons portés en levant nos verres pleins à ras bord pour la quatrième, la cinquième, la sixième fois...

Naturellement, tu as bien fait de partir. Malgré ton succès ici, tu n'es jamais devenu américain ; et maintenant que notre affaire est si prospère, tu te devais de ramener tes robustes fils dans leur patrie pour qu'ils y soient éduqués. Quant à Elsa, sa famille a dû lui manquer toutes ces longues années ; ses proches seront également contents de te voir, j'en suis sûr. Le jeune artiste impécunieux de naguère devenu le soutien de famille, voilà un petit triomphe que tu savoureras modestement, je le sais.

Les affaires sont toujours bonnes. Mrs Levine a acheté le petit Picasso au prix que nous demandions, ce dont je me félicite ; je laisse lentement venir la vieille Mrs Fleshman à l'idée d'acquérir la hideuse madone. Personne ne se soucie de lui dire que telle ou telle pièce de sa collection est mauvaise parce que toutes le sont. Il n'empêche que je n'ai pas ton merveilleux savoir-faire pour vendre à des matrones juives. Je suis capable de les persuader de l'excellence d'un investissement mais toi seul avais, concernant une œuvre d'art, l'approche spirituelle de nature à les désarmer. De plus, elles n'ont sans doute pas vraiment confiance en un autre Juif.

J'ai reçu hier une charmante lettre de Griselle. Elle me dit qu'il s'en faut de peu pour que je devienne fier de ma petite sœur. Elle a le rôle principal dans une nouvelle pièce qu'on joue à Vienne, et les critiques sont excellentes ; les années décourageantes qu'elle a passées avec de petites compagnies commencent à porter leurs fruits. Pauvre enfant, ça n'a pas été facile pour elle mais elle ne s'est jamais plainte. Elle a du cran, en plus de la beauté et, je l'espère, du talent. Elle me demande de tes nouvelles, Martin, avec beaucoup d'amitié. Plus la moindre amertume de ce côté-là – ce sentiment passe vite à son âge. Il suffit de quelques petites années pour que la blessure ne soit plus qu'un souvenir ; bien sûr, aucun de vous deux n'était à blâmer. Ces choses-là sont comme des tempêtes : on est d'abord transi, foudroyé, impuissant, puis le soleil revient ; on n'a pas complètement oublié l'expérience, mais on est remis du choc. Il ne reste à Griselle que le souvenir de la douceur et non plus du chagrin. Toi ou moi ne nous serions pas comportés autrement. Je n'ai pas écrit à ma petite sœur que tu étais rentré en Europe mais je le ferai peut-être si tu penses que c'est judicieux ; elle ne se lie pas facilement, et je sais qu'elle serait contente de sentir qu'elle a des amis non loin.

Quatorze ans déjà que la guerre est finie ! J'espère que tu as entouré la date en rouge sur le calendrier. C'est fou le chemin que nous avons parcouru, en tant que peuples, depuis le début de toute cette violence !

Mon cher Martin, laisse-moi de nouveau t'étreindre par la pensée et transmets mes souvenirs les plus affectueux à Elsa et aux garçons.

Ton fidèle
Max

Le 10 décembre 1932

Mr Max Eisenstein
Galerie Schulse-Eisenstein
San Francisco,
Californie, USA

Max, mon cher vieux compagnon,

Merci de la promptitude avec laquelle tu m'as envoyé les comptes et le chèque. Mais ne te crois pas obligé de me commenter nos affaires avec un tel luxe de détails. Tu sais que je suis d'accord avec tes méthodes ; d'autant qu'ici, à Munich, je suis débordé par mes nouvelles activités. Nous sommes installés, mais quelle agitation ! Comme je te l'ai dit, il y avait longtemps que cette maison me trottait dans la tête. Et je l'ai eue pour un prix dérisoire. Trente pièces, et un parc de près de cinq hectares et demi – tu n'en croirais pas tes yeux. Mais il est vrai que tu ignores à quel niveau de misère est réduit mon pauvre pays. Les logements de service, les écuries et les communs sont très vastes et, crois-le ou non, pour les dix domestiques que nous avons ici, nous payons le même prix que pour les deux seuls que nous avions à San Francisco.

Aux tapisseries et autres pièces que nous avions expédiées par bateau s'ajoutent nombre de beaux meubles que j'ai pu me procurer sur place. Le tout est d'un effet somptueux. Nous sommes donc très admirés, pour ne pas dire enviés, ou presque. J'ai acheté quatre services de table de la porcelaine la plus fine, une profusion de verres en cristal et une argenterie devant laquelle Elsa est en extase.

À propos d'Elsa… non, c'est trop drôle ! Voici qui va sûrement t'amuser… je lui ai offert un lit énorme, gigantesque, un lit comme on n'en avait encore jamais vu, deux fois grand comme un lit double, avec des montants de bois sculpté vertigineux. En l'occurrence, j'ai dû faire fabriquer sur mesure des draps du plus beau lin. Elsa riait comme une gamine en le racontant à sa grand-mère ; mais celle-ci a secoué la tête et grommelé : « *Nein*, Martin, *nein*. Vous avez fait ça, mais maintenant prenez garde, parce qu'elle va encore grossir pour remplir son lit.

— *Ja*, dit Elsa. Encore quatre grossesses et je tiendrai tout juste dedans. » Tu sais quoi, Max ? Eh bien, c'est vrai.

Pour les enfants, il y a trois poneys (petit Karl et Wolfgang ne sont pas en âge de monter) et un précepteur. Leur allemand est exécrable, tristement mâtiné d'anglais.

Pour la famille d'Elsa, la vie n'est plus aussi facile qu'avant. Ses frères ont tous une profession libérale, mais, quoique très respectés, ils doivent vivre ensemble, forcés de partager une maison. À leurs yeux, nous sommes des millionnaires américains. Il s'en faut de beaucoup mais, néanmoins, l'importance de nos revenus transatlantiques nous place dans la catégorie des nantis. Les denrées de qualité sont chères, et les troubles politiques sont fréquents, même maintenant, sous la présidence de Hindenburg, un grand libéral que j'admire beaucoup.

D'anciennes relations me pressent déjà de participer à la gestion municipale. J'y songe. Un statut de fonctionnaire de l'administration locale pourrait être à notre avantage.

Quant à toi, mon bon Max, ce n'est pas parce que nous t'avons abandonné que tu dois devenir un misanthrope. Trouve-toi immédiatement une gentille petite femme bien gironde qui sera aux petits soins pour toi et te nourrira comme un roi, le tout dans la bonne humeur. Crois-moi, ma prescription est bonne, même si elle me fait sourire.

Tu me parles de Griselle. Cet amour de fille a bien gagné son succès. Je m'en réjouis avec toi, encore que, même aujourd'hui, le fait qu'elle, une jeune célibataire, soit obligée de se battre pour réussir me révolte. N'importe quel homme peut comprendre qu'elle était faite pour le luxe et la dévotion, pour une vie facile et charmante où le bien-être épanouirait sa sensibilité. Ses yeux noirs reflètent une âme grave, mais aussi quelque chose de dur comme l'acier et de très audacieux. C'est une femme qui ne fait rien, ni ne donne rien à la légère. Hélas, cher Max, comme toujours, je me trahis. Tu as gardé le silence durant notre aventure orageuse, mais tu sais combien ma décision m'a coûté. Tu ne m'as fait aucun reproche, à moi, ton ami, quand ta petite sœur souffrait, et j'ai toujours senti que tu savais que je souffrais également, et pas qu'un peu. Mais que pouvais-je faire ? Il y avait Elsa, et mes fils encore petits. Toute autre décision eût été inopportune. Pourtant, je garde pour Griselle une tendresse qui survivra à son probable mariage ou à sa liaison avec un homme autrement plus jeune que moi. Tu sais, mon ami, l'ancienne plaie s'est refermée, mais parfois la cicatrice me lancine encore.

Bien sûr que tu peux lui donner notre adresse. Nous sommes si près de Vienne qu'elle aura ainsi l'impression de n'avoir qu'à tendre la main pour avoir un foyer. Tu te doutes qu'Elsa, qui ignore les sentiments que Griselle et moi avons éprouvés l'un pour l'autre, recevra ta sœur avec la même affection qu'elle t'a reçu. Oui, il *faut* que tu lui dises que nous sommes ici, et que tu la pousses à prendre contact avec nous. Félicite-la chaleureusement de notre part pour son beau succès.

Elsa me demande de te faire ses amitiés et Heinrich brûle de dire *Hello* à son oncle Max. Nous ne t'oublions pas, petit Max.

De tout cœur à toi
Martin

Le 21 janvier 1933

Herrn Martin Schulse
Schloss Rantzenburg
Munich, ALLEMAGNE

Mon cher Martin,

J'ai été heureux de pouvoir communiquer par écrit ton adresse à Griselle. Elle ne tardera pas à la recevoir – si ce n'est déjà fait. Que de réjouissances en perspective quand elle vous rendra visite ! Je serai avec vous par la pensée, de tout cœur, comme si j'y étais en personne.

Tu évoques la pauvreté qu'il y a là-bas. Ici, à cet égard, l'hiver est assez rude, mais, naturellement, ce n'est rien comparé aux privations que tu as constatées en Allemagne.

Toi et moi avons de la chance d'avoir une galerie dont la clientèle est si fidèle ; elle dépense certes moins qu'avant, mais même si nous vendons deux fois moins nous vivrons encore bien – sans prodigalité excessive, mais très confortablement. Les huiles que tu m'as envoyées sont

27

de grande qualité ; c'est incroyable que tu les aies eues à ce prix dérisoire. Elles vont partir tout de suite, et nous allons faire un profit scandaleux. La vilaine madone est vendue. Eh oui, à la vieille Mrs Fleshman ! J'hésitais à fixer un prix, mais elle m'a fait le coup de l'amateur éclairé, alors, le souffle coupé de ma propre audace, j'ai lancé un chiffre astronomique. Me soupçonnant d'avoir un autre client, elle a pris la balle au bond et fait aussitôt son chèque avec un sourire rusé. Toi seul peux savoir à quel point j'exultais quand elle est partie avec cette horreur sous le bras.

Hélas, Martin, j'ai souvent honte de moi-même pour le plaisir que je prends à ces petits triomphes futiles. Toi en Allemagne, avec ton manoir et ta richesse que tu étales aux yeux de la famille d'Elsa, et moi en Amérique, jubilant parce que j'ai roulé une vieille écervelée en la persuadant d'acheter une monstruosité… quel apogée pour deux hommes de quarante ans ! Est-ce pour cela que l'on vit ? Pour gagner de l'argent par des procédés douteux et en faire étalage aux yeux de tous ? Je ne cesse de me faire des reproches, mais je continue comme avant. Malheureusement, nous sommes tous embarqués sur la même galère. Nous sommes futiles et malhonnêtes parce que nous devons triompher de personnes futiles et malhonnêtes. Si ce n'est pas moi qui vends cette croûte à Mrs Fleshman, quelqu'un d'autre lui en vendra une pire. C'est une fatalité qu'il faut bien accepter.

Heureusement qu'il existe un havre où l'on peut toujours savourer une relation authentique : le coin du feu chez un ami auprès duquel on peut se défaire de ses petites vanités et trouver chaleur et compréhension ; un lieu où les égoïsmes sont caducs et où le vin, les livres et la conversation donnent un autre sens à la vie. Là, on a construit quelque chose que la fausseté ne peut atteindre. On s'y sent chez soi.

Qui est cet Adolf Hitler qui semble en voie d'accéder au pouvoir en Allemagne ? Ce que je lis sur son compte m'inquiète beaucoup.

Embrasse les gosses et notre abondante Elsa de la part de ton affectionné.

Max

Le 25 mars 1933

Mr Max Eisenstein
Galerie Schulse-Eisenstein
San Francisco,
Californie, USA

Cher vieux Max,

Tu as certainement entendu parler de ce qui
se passe ici, et je suppose que cela t'intéresse de
savoir comment nous vivons les événements de
l'intérieur. Franchement, Max, je crois qu'à
nombre d'égards Hitler est bon pour l'Allemagne, mais je n'en suis pas sûr. Maintenant,
c'est lui qui, de fait, est le chef du gouvernement. Je doute que Hindenburg lui-même
puisse le déloger du fait qu'on l'a obligé à le
placer au pouvoir. L'homme électrise littérale-
ment les foules ; il possède une force que seul
peut avoir un grand orateur doublé d'un fana-
tique. Mais je m'interroge : est-il complètement
sain d'esprit ? Ses escouades en chemises brunes
sont issues de la populace. Elles pillent, et elles
ont commencé à persécuter les Juifs. Mais il ne

30

s'agit peut-être là que d'incidents mineurs : la petite écume trouble qui se forme en surface quand bout le chaudron d'un grand mouvement. Car je te le dis, mon ami, c'est à l'émergence d'une force vive que nous assistons dans ce pays. Une force vive. Les gens se sentent stimulés, on s'en rend compte en marchant dans les rues, en entrant dans les magasins. Ils se sont débarrassés de leur désespoir comme on enlève un vieux manteau. Ils n'ont plus honte, ils croient de nouveau à l'avenir. Peut-être va-t-on trouver un moyen pour mettre fin à la misère. Quelque chose – j'ignore quoi – va se produire. On a trouvé un Guide ! Pourtant, prudent, je me dis tout bas : où cela va-t-il nous mener ? Vaincre le désespoir nous engage souvent dans des directions insensées.

Naturellement, je n'exprime pas mes doutes en public. Puisque je suis désormais un personnage officiel au service du nouveau régime, je clame au contraire ma jubilation sur tous les toits. Ceux d'entre nous, les fonctionnaires de l'administration locale, qui tiennent à leur peau sont prompts à rejoindre le national-socialisme – c'est le nom du parti de *Herr* Hitler. Mais en même temps, cette attitude est bien plus qu'un simple expédient : c'est la conscience que nous, le peuple allemand, sommes en voie d'accomplir notre destinée ; que l'avenir s'élance vers nous telle une vague prête à déferler. Nous aussi nous devons bouger, mais dans le sens de la vague, et non à contre-courant. De graves injustices se commettent encore aujourd'hui. Les troupes d'assaut célèbrent leur victoire, et chaque visage ensanglanté qu'on croise vous fait secrètement saigner le cœur. Mais tout cela est transitoire ; si la finalité est juste, ces incidents passagers seront vite oubliés. L'Histoire s'écrira sur une page blanche et propre.

La seule question que je me pose désormais – vois-tu, tu es le seul à qui je puisse me confier – est celle-ci : la finalité est-elle juste ? Le but que nous poursuivons est-il meilleur qu'avant ? Parce que, tu sais, Max, depuis que je suis dans ce pays, je les ai vus, ces gens de ma race, et j'ai appris les souffrances qu'ils ont endurées toutes ces années – le pain de plus en plus rare, les corps de plus en plus maigres et les esprits malades. Ils étaient pris jusqu'au cou dans les sables mouvants du désespoir. Ils allaient mourir, mais un homme leur a tendu la main et les a sortis du trou. Tout ce qu'ils savent maintenant, c'est qu'ils survivront. Ils sont possédés par l'hystérie de la délivrance, et cet homme, ils le vénèrent. Mais quel que fût le sauveur, ils auraient agi ainsi. Plaise à Dieu qu'il soit un chef digne de ce nom et non un ange de la mort. À toi seul, Max, je peux avouer que j'ignore qui il est vraiment. Oui, je l'ignore. Pourtant, je ne perds pas confiance.

Mais assez de politique. Notre nouvelle maison nous enchante et nous recevons beaucoup. Ce soir, c'est le maire que nous avons invité – un dîner de vingt-huit couverts. Tu vois, on « étale » un peu la marchandise, mais il faut nous le pardonner. Elsa a une nouvelle robe en velours bleu. Elle est terrifiée à l'idée de ne pouvoir entrer dedans. Elle est de nouveau enceinte. Rien de tel pour satisfaire durablement sa femme, Max : faire en sorte qu'elle soit tellement occupée avec les bébés qu'elle n'ait pas le temps de geindre.

Notre Heinrich a fait une conquête mondaine. Il montait son poney quand il s'est fait désarçonner. Et qui l'a ramassé ? Le baron Von Freische en personne. Ils ont eu une longue conversation sur l'Amérique, puis, un jour, le baron est passé chez nous et nous lui avons offert le café. Il a invité Heinrich à déjeuner chez lui la semaine prochaine. Quel garçon ! Il fait la joie de tout le monde – dommage que son allemand ne soit pas meilleur.

Ainsi, mon cher ami, allons-nous peut-être participer activement à de grands événements ; ou peut-être nous contenter de poursuivre notre petit train-train familial. Mais nous ne renoncerons jamais à l'authenticité de cette amitié dont tu parles de façon si touchante. Notre cœur va vers toi, au-delà des vastes mers, et quand nous remplissons nos verres nous ne manquons jamais de boire à la santé de « l'oncle Max ».

Souvenir affectueux
Martin

Le 18 mai 1933

Herrn Martin Schulse
Schloss Rantzenburg
Munich, ALLEMAGNE

Cher Martin,

Je suis bouleversé par l'afflux de reportages sur ta patrie qui nous parviennent. Comme ils sont assez contradictoires, c'est donc tout naturellement vers toi que je me tourne pour y voir plus clair. Je suis sûr que les choses ne vont pas aussi mal qu'on veut bien le dire. Notre presse s'accorde à parler d'un « terrible pogrom ». Qu'en est-il ?

Je sais que ton esprit libéral et ton cœur chaleureux ne pourraient tolérer la brutalité, et que tu me diras la vérité. Le fils d'Aaron Silberman vient tout juste de rentrer de Berlin et il paraît qu'il l'a échappé belle. Il raconte sur ce qu'il a vu – les flagellations, le litre d'huile de ricin forcé entre les lèvres et les heures d'agonie consécutives par éclatement de l'intestin – des histoires

35

affreuses. Ces exactions pourraient être vraies, et elles pourraient en effet n'être que le résidu malpropre d'une révolution par ailleurs humaine – l'« écume trouble », comme tu dis. Malheureusement pour nous, les Juifs, la répétition ne les rend que par trop familières, et je trouve presque incroyable qu'on puisse, aujourd'hui, au sein d'une nation civilisée, faire revivre à nos frères le martyre ancestral. Écris-moi, mon ami, pour me rassurer sur ce point.

La pièce dans laquelle joue Griselle fait un triomphe et se donnera jusqu'à la fin du mois de juin. Elle m'écrit qu'on lui a proposé un autre rôle à Vienne, et un autre encore, superbe, à Berlin pour cet automne. C'est surtout de ce dernier qu'elle me parle, mais je lui ai répondu d'attendre pour s'engager que les sentiments antijuifs se calment. Bien entendu, son nom de scène n'a pas une consonance juive (de toute façon, il était exclu qu'elle monte sur les planches avec un nom comme Eisenstein) ; mais, pseudonyme ou non, tout, chez elle, trahit ses origines : ses traits, ses gestes, la passion qui vibre dans sa voix. Si les sentiments antisémites évoqués plus haut sont une réalité, elle ne doit à aucun prix s'aventurer en Allemagne en ce moment.

Pardonne-moi, mon ami, pour la brièveté de ma lettre et l'absence de liberté d'esprit dont elle témoigne, mais je n'aurai pas de repos tant que tu ne m'auras pas rassuré. Je sais que tu m'écriras en toute honnêteté. Je t'en prie, fais-le vite.

C'est haut et fort que je proclame ma foi en toi et mon amitié pour toi et les tiens.

Ton fidèle
Max

DEUTSCH-VOELKISCHE BANK UND
HANDELSGESELLSCHAFT,
MUNICH, ALLEMAGNE

Le 9 juillet 1933

Mr Max Eisenstein
Galerie Schulse-Eisenstein
San Francisco,
Californie, USA

Cher Max,

Comme tu pourras le constater, je t'écris sur
le papier à lettres de ma banque. C'est nécessaire, car j'ai une requête à t'adresser et souhaite
éviter la nouvelle censure, qui est des plus
strictes. Nous devons présentement cesser de
nous écrire. Il devient impossible pour moi de
correspondre avec un Juif ; et ce le serait même
si je n'avais pas une position officielle à
défendre. Si tu as quelque chose d'essentiel à me
dire, tu dois le faire par le biais de la banque,
au dos de la traite que tu m'envoies, et ne plus
jamais m'écrire chez moi.

En ce qui concerne les mesures sévères qui
t'affligent tellement, je dois dire que, au début,

elles ne me plaisaient pas non plus ; mais j'en suis arrivé à admettre leur douloureuse nécessité. La race juive est une plaie ouverte pour toute nation qui l'héberge. Je n'ai jamais haï les Juifs en tant qu'individus – toi, par exemple, je t'ai toujours considéré comme mon ami –, mais sache que je parle en toute honnêteté quand j'ajoute que je t'ai sincèrement aimé non *à cause* de ta race, mais *malgré* elle.

Le Juif est le bouc émissaire universel. Il doit bien y avoir une raison à cela, et ce n'est pas la superstition ancestrale consistant à les désigner comme les « assassins du Christ » qui éveille une telle méfiance à leur égard. Quant aux ennuis juifs actuels, ils ne sont qu'accessoires. Quelque chose de plus important se passe ici.

Si seulement je pouvais te montrer – non, t'obliger à constater – la renaissance de l'Allemagne sous l'égide de son vénéré Chef… Un si grand peuple ne pouvait pas rester éternellement sous le joug du reste du monde. Après la défaite, nous avons plié l'échine pendant quatorze ans. Pendant quatorze ans, nous avons mangé le pain amer de la honte et bu le brouet clair de la pauvreté. Mais maintenant, nous sommes des hommes libres. Nous nous redressons, conscients de notre pouvoir ; nous relevons la tête face aux autres nations. Nous purgeons notre sang de ses éléments impurs. C'est en chantant que nous parcourons nos vallées, nos muscles durs vibrent, impatients de s'atteler à un nouveau labeur ; et nos montagnes résonnent des voix de Wotan et de Thor, les anciens dieux de la race germanique.

Mais non... Tout en t'écrivant, et en me laissant aller à l'enthousiasme suscité par ces visions si neuves, je me dis que tu ne comprendrais pas à quel point tout cela est nécessaire pour l'Allemagne. Tu ne t'attacheras, je le sais, qu'aux ennuis de ton propre peuple. Tu refuseras de concevoir que quelques-uns doivent souffrir pour que des millions soient sauvés. Tu seras avant tout un Juif qui pleurniche sur son peuple. Cela, je l'admets. C'est conforme au caractère sémite. Vous vous lamentez mais vous n'êtes pas assez courageux pour vous battre en retour. C'est pourquoi il y a des pogroms.

Hélas, Max, tout cela va te blesser, je le sais, mais tu dois accepter la vérité. Parfois, un mouvement est plus important que les hommes qui l'initient. Pour ma part, j'y adhère corps et âme. Heinrich est officier dans un corps de jeunesse, sous les ordres du baron Von Freische. Le nom de ce dernier rehausse encore notre maison car il rend souvent visite à Heinrich et à Elsa, qu'il admire beaucoup. Quant à moi, je suis débordé de travail. Elsa ne s'intéresse guère à la politique ; elle se contente d'adorer notre noble Chef. Elle se fatigue vite, ce dernier mois. Cela peut signifier que le bébé arrivera plus tôt que prévu. Ce sera mieux pour elle quand il sera né.

Je regrette qu'on doive mettre ainsi fin à notre correspondance, Max. Il n'est pas exclu que nous nous retrouvions un jour, sur un terrain où nous pourrons développer une meilleure compréhension mutuelle.

Cordialement
Martin Schulse

Martin Schulse
(aux bons soins de J. Lederer)
Schloss Rantzenburg
Munich, ALLEMAGNE

Mon cher Martin,

Je confie cette missive à Jimmy Lederer, qui doit faire un saut à Munich lors de ses vacances européennes. Je ne trouve plus le repos après la lettre que tu m'as envoyée. Elle te ressemble si peu que je ne peux attribuer son contenu qu'à ta peur de la censure. L'homme que j'ai aimé comme un frère, dont le cœur a toujours débordé d'affection et d'amitié, ne peut pas s'associer, même passivement, au massacre de gens innocents. Je garde confiance en toi, et je prie pour que mon hypothèse soit la bonne ; il te suffit de me le confirmer par lettre par un simple « oui », à l'exclusion de tout autre commentaire qui serait dangereux pour toi. Cela me convaincra que tu joues le jeu de l'opportunisme mais que tes sentiments profonds n'ont pas changé ; que je ne me suis pas leurré en te considérant comme un esprit libéral et droit, pour qui le Mal est le Mal, en quelque nom qu'on le commette.

Cette censure, ces persécutions de tous les esprits libres, ces bibliothèques incendiées et cette corruption des universités susciteraient ton antagonisme même si on ne levait pas le petit doigt contre ceux de ma race. Tu es un libéral, Martin. Tu vois les choses à long terme. Je sais que tu ne peux pas te laisser entraîner dans cette folie par un mouvement populaire qui, aussi fort soit-il, est foncièrement meurtrier.

Je peux comprendre pourquoi les Allemands acclament Hitler. Ils réagissent contre les injustices qu'ils ont subies depuis la fin de cette guerre désastreuse. Mais toi, Martin, tu es pratiquement devenu un Américain durant cette période. Je suis convaincu que ce n'est pas mon ami qui m'a écrit cette lettre, et que tu vas me le prouver.

J'attends ce seul mot – ce « oui » qui rendra la paix à mon cœur. Écris-le vite.

Mes amitiés à vous tous
Max

DEUTSCH-VOELKISCHE BANK UND
HANDELSGESELLSCHAFT,
MUNICH, ALLEMAGNE

Le 18 août 1933

Mr Max Eisenstein
Galerie Schulse-Eisenstein
San Francisco,
Californie, USA

Cher Max,

On m'a remis ta lettre. La réponse est « non ».
Tu es un sentimental. Tu ignores que les
hommes ne sont pas tous faits sur le même
modèle que toi. Tu leur colles une gentille petite
étiquette de « libéral », et tu t'imagines qu'ils
vont agir en conséquence. Tu te trompes. Moi,
un libéral quasiment américain ? Jamais ! Un
patriote allemand.

Un libéral est un homme qui ne croit pas à
l'action. Il se contente de tenir des discours
creux sur les droits de l'homme. Il fait tout un
tapage sur la liberté d'expression, mais qu'est-ce
que la liberté d'expression ? Tout juste une
bonne occasion de rester assis sur son derrière

en critiquant ceux qui agissent. Existe-t-il rien de plus futile qu'un libéral ? Non. Et je connais bien l'espèce pour en avoir fait partie. Il reproche aux gouvernements leur passivité, leur incapacité d'instaurer le changement. Mais qu'un vrai chef émerge, un homme actif qui, lui, se met à la tâche, et quelle est alors la position du libéral ? Il est contre. Pour le libéral, tout changement est mauvais.

Ce que tu nommes chez ces bons esprits « la vue à long terme » des événements n'est qu'une frousse intense de se retrousser les manches pour *faire*. Ils adorent les mots et les nobles préceptes, mais ils sont parfaitement inutiles à ceux qui font le monde tel qu'il est. Seuls ces derniers, les hommes d'action, comptent. Et ici, en Allemagne, un de ces hommes énergiques, essentiels, est sorti du rang. Et je me rallie à lui. Non, comme tu le suggères, parce que, submergé par un courant, je ne peux faire autrement, mais par libre choix. Maintenant, je suis vraiment un homme ; avant, je n'étais qu'une voix. Je ne m'interroge pas sur la finalité de notre action : elle est vitale, donc elle est bonne. Si elle était mauvaise, elle ne susciterait pas autant d'enthousiasme.

Tu dis que nous persécutons les libéraux, que nous brûlons les livres. Tu devrais te réveiller : est-ce que le chirurgien qui enlève un cancer fait preuve de ce sentimentalisme niais ? Il taille dans le vif, sans états d'âme. Oui, nous sommes cruels. La naissance est un acte brutal ; notre renaissance l'est aussi. Mais quelle jubilation de pouvoir enfin redresser la tête ! Comment un rêveur comme toi pourrait-il comprendre la beauté d'une épée dégainée ? C'est ce qu'est notre *Führer*, mais tu n'as jamais rencontré un Hitler.

Tu m'obliges à te répéter que tu ne dois plus m'écrire. Nous ne sommes plus en sympathie, tu devrais t'en rendre compte.

Martin Schulse

GALERIE EISENSTEIN,
SAN FRANCISCO, CALIFORNIE, USA

Le 5 septembre 1933

Herrn Martin Schulse
c/° Deutsch-Voelkische Bank
und Handelsgesellschaft
Munich, ALLEMAGNE

Cher Martin,

Ci-joint la traite qui te revient et les comptes
du mois. Je suis dans l'obligation de te faire passer ce bref message. Griselle est partie pour
Berlin. Elle est trop audacieuse. Mais elle a si
longtemps attendu son succès qu'elle n'est pas
prête à y renoncer, et elle rit de mes craintes.
Elle joue au théâtre Koenig. Tu es un fonctionnaire du régime, je te conjure donc, au nom de
notre vieille amitié, de la protéger. Va à Berlin
si tu le peux, et vois si elle n'est pas en danger.

Tu seras chagriné de constater que j'ai été
obligé de supprimer Schulse de la raison sociale
de notre affaire. Tu sais qui sont nos principaux
clients : ils n'achèteront plus rien dans une maison qui porte un nom allemand.

Je ne peux pas discuter de ton changement d'attitude. Mais tu dois me comprendre. Je ne m'attendais pas à te voir prendre les armes pour mon peuple parce qu'il est mon peuple, mais simplement parce que tu étais un homme épris de justice.

Je te confie mon imprudente Griselle. Cette enfant ne se rend pas compte du risque qu'elle prend. Je ne t'écrirai plus.

Adieu, mon ami
Max

GALERIE EISENSTEIN,
SAN FRANCISCO, CALIFORNIE, USA

Le 5 novembre 1933

Herrn Martin Schulse
c/° Deutsch-Voelkische Bank
und Handelsgesellschaft
Munich, ALLEMAGNE

Martin,

Je t'écris de nouveau car j'y suis obligé. Un sombre pressentiment m'habite. J'ai écrit à Griselle dès que j'ai su qu'elle était à Berlin et elle m'a répondu un mot très bref. Les répétitions se passaient brillamment et la pièce devait être incessamment à l'affiche. Ma seconde lettre, qui contenait plus d'encouragements que de mises en garde, m'a été retournée, non ouverte, avec la mention « Inconnu à cette adresse ». Quelles ténèbres véhiculent ces mots... Comment pourrait-elle être inconnue au théâtre même où elle joue ? Il s'agit sûrement d'un message signifiant qu'il lui est arrivé malheur. « On sait ce qui s'est passé, mais vous, vous n'en saurez jamais rien », disent ces cachets sur l'enveloppe.

Elle est tombée dans une sorte de vide et il est inutile de la chercher. Voilà tout ce qu'on me dit par ces deux mots, *Adressant Unbekannt*.

Martin, dois-je te demander de la trouver, de la secourir ? Tu as connu sa grâce, son charme, sa beauté. Elle t'a donné ce qu'elle n'a donné à aucun autre homme : son amour. N'essaie pas de m'écrire. Je sais que je n'ai pas même besoin de te demander ton aide. T'apprendre qu'elle est sans doute en danger suffit.

Je la remets entre tes mains car je n'ai aucun autre recours.

Max

GALERIE EISENSTEIN,
SAN FRANCISCO, CALIFORNIE, USA

Le 23 novembre 1933

Herrn Martin Schulse
c/° Deutsch-Voelkische Bank
und Handelsgesellschaft
Munich, ALLEMAGNE

Martin,

C'est par désespoir que je me tourne vers toi.
Je ne pouvais pas laisser passer un mois de plus ;
c'est donc en avance que je te donne quelques
précisions relatives à tes placements. Tu pourrais
vouloir effectuer certaines modifications, ce qui
me permet de joindre à ce relevé bancaire un
appel au secours.

Il concerne Griselle. Depuis deux mois, je n'ai
plus aucune nouvelle d'elle, mais des rumeurs en
provenance d'Allemagne commencent à circuler.
De Juif à Juif, on chuchote des histoires tellement horribles que je me boucherais les oreilles
si je le pouvais. Mais je ne le peux pas. Il *faut*
que je sache ce qui lui est arrivé. Il faut que j'aie
une certitude.

Elle a joué une semaine dans la pièce berlinoise. Puis le public, apprenant qu'elle était juive, l'a conspuée. Cette magnifique et téméraire enfant est malheureusement têtue comme un âne. Elle leur a renvoyé le mot « juive » à la figure, en leur disant qu'elle était fière de l'être.

Certains spectateurs se sont levés, furieux, et ont sauté sur scène. Elle a couru dans les coulisses. Quelqu'un a dû l'aider car elle a réussi à sortir du théâtre et a trouvé refuge dans une cave où se cachait déjà une famille juive. Changeant son apparence du mieux qu'elle a pu, elle a alors décidé d'essayer de rentrer à Vienne à pied, le train lui semblant trop risqué. Elle a dit aux gens qu'elle a laissés qu'elle serait en sûreté si elle pouvait arriver jusqu'à Munich, où elle avait des amis. Mon espoir est qu'elle soit venue chez toi, car elle n'a jamais regagné Vienne. Envoie-moi un mot, Martin, et si elle n'est pas encore arrivée chez toi, fais une enquête discrète. Je suis fou d'inquiétude à l'idée qu'elle traîne sur les routes en pays hostile, à l'approche de l'hiver. Dieu fasse que tu puisses m'envoyer un mot pour me rassurer.

Max

DEUTSCH-VOELKISCHE BANK UND
HANDELSGESELLSCHAFT,
MUNICH, ALLEMAGNE

Le 8 décembre 1933

Mr Max Eisenstein
Galerie Eisenstein
San Francisco,
Californie, USA

Heil Hitler ! Je regrette beaucoup d'avoir de
mauvaises nouvelles à t'apprendre. Ta sœur est
morte. Malheureusement pour elle, elle s'est
montrée stupide. Il y a quinze jours, elle est arrivée ici, avec une horde de SA, qui défilaient sur
le chemin, pratiquement sur les talons. La maison était pleine de monde – Elsa n'est pas bien
depuis la naissance du petit Adolf, le mois dernier. Le médecin était là, ainsi que deux infir-
mières, tous les domestiques, et les enfants qui
couraient partout.

Par chance, c'est moi qui ai ouvert la porte.
Tout d'abord, j'ai cru voir une vieille femme,
puis j'ai vu son visage – et j'ai vu aussi les SA
qui passaient déjà devant les grilles du parc.
J'avais une chance sur mille de pouvoir la

cacher. Une domestique pouvait surgir à tout moment. Avec Elsa couchée là-haut, malade, comment aurais-je pu supporter que ma maison fût mise à sac ? Et pouvais-je courir le risque d'être arrêté pour avoir tenté de sauver une Juive et de perdre tout ce que j'avais construit ici ? Bien sûr, en tant que patriote, mon devoir m'apparaissait clairement. Elle avait montré sur scène son corps impur à des jeunes Allemands : je devais la retenir et la remettre sur-le-champ aux soldats.

Mais cela, je ne l'ai pas fait. Je lui ai dit :
« Tu vas tous nous faire prendre, Griselle. Cours vite te réfugier de l'autre côté du parc. » Elle m'a regardé dans les yeux, elle a souri, elle m'a dit : « La dernière chose que je souhaite, Martin, c'est te nuire », et elle a pris sa décision (elle a toujours été une fille courageuse).

Elle devait être épuisée car elle n'a pas couru assez vite et les SA l'ont repérée. Je suis rentré, impuissant ; quelques minutes plus tard, ses cris s'étaient tus. Le lendemain matin, j'ai fait transporter son corps au village pour l'enterrer. C'était stupide de sa part d'être venue en Allemagne. Pauvre petite Griselle… Je partage ta peine mais, comme tu vois, je ne pouvais pas l'aider.

Maintenant je dois te demander de ne plus m'écrire. Chaque mot qui arrive dans cette maison est désormais censuré, et je me demande dans combien de temps, à la banque, ils se mettront à ouvrir le courrier. Je ne veux plus rien avoir à faire avec les Juifs, mis à part les virements bancaires et leurs reçus. C'est déjà bien assez fâcheux pour moi qu'une Juive soit venue chercher refuge dans mon domaine. Je ne tolérerai plus d'être associé d'une manière ou d'une autre avec cette race.

Martin

CÂBLOGRAMME

Munich, le 2 janvier 1934

MARTIN SCHULSE

TES TERMES ACCEPTÉS. VÉRIFICATION COMPTES
DU 12 NOVEMBRE MONTRE 13 % DE MIEUX.
LE 2 FÉVRIER QUADRUPLE ASSURÉ.
EXPOSITION PEINTRES NON AFFILIÉS : BERLIN,
1ER MAI.
PRÉPARE-TOI PARTIR POUR MOSCOU SI MARCHÉ
S'OUVRE INOPINÉMENT.
INSTRUCTIONS FINANCIÈRES POSTÉES NOUVELLE
ADRESSE.

EISENSTEIN

GALERIE EISENSTEIN,
SAN FRANCISCO, CALIFORNIE, USA

Le 3 janvier 1934

Herrn Martin Schulse
Schloss Rantzenburg
Munich, ALLEMAGNE

Très cher Martin,

N'oublie pas l'anniversaire de grand-maman. Elle aura soixante-quatre ans le 8. Des bienfaiteurs américains vont fournir 1 000 brosses destinées à votre Ligue des jeunes peintres allemands. Mandelberg s'est joint à ceux qui soutiennent la Ligue. Il faut que tu envoies 11 reproductions de Picasso de 20 par 90 aux diverses succursales de notre galerie – le 25 janvier, pas plus tôt. À dominante rouge et bleu. Nous pouvons te verser 8 000 dollars sur cette transaction. Commence le nouveau livre de comptes 2.

Nos prières t'accompagnent, cher frère
Eisenstein

Le 17 janvier 1934

Herrn Martin Schulse
Schloss Rantzenburg
Munich, ALLEMAGNE

Martin, cher frère,

Bonne nouvelle ! Notre stock atteignait 116 il y a cinq jours. Les Fleishman nous ont avancé encore 10 000 dollars. Cela devrait remplir pour un mois le quota de la Ligue des jeunes peintres. Mais si les occasions sont plus nombreuses, fais-le-nous savoir. Les miniatures suisses sont en vogue. Surveille le marché et prépare-toi à partir pour Zurich après le 1er mai si des occasions inattendues se présentent en plus grand nombre. L'oncle Salomon sera content de te voir et je sais que tu te fieras les yeux fermés à son jugement.

Le temps est clair et il n'y a aucune menace précise d'orage pour les deux mois à venir. Tu vas préparer pour tes étudiants les reproductions

suivantes : Van Gogh, 15 par 103, en rouge ;
Poussin, 20 par 90, en bleu et jaune ; Vermeer,
11 par 33, en rouge et bleu.

Nos espoirs accompagnent tes nouvelles tentatives
Eisenstein

Le 29 janvier 1934

Cher Martin,

Ta lettre est arrivée par erreur au 457 Geary Street, chambre 4. Tante Rheba te demande d'écrire plus brièvement, et surtout plus clairement pour que tes amis puissent comprendre de quoi tu parles. Je suis sûr que tout le monde attend avec impatience la réunion de famille du 15. Tu seras fatigué après toutes ces festivités et souhaiteras peut-être amener ta famille avec toi lors de ton voyage à Zurich.

Néanmoins, avant de partir, en vue de l'exposition conjointe qui aura lieu en mai, ou avant, tu dois fournir à nos succursales de la Ligue des jeunes peintres allemands les reproductions suivantes : Picasso, 17 par 81, en rouge ; Van

Gogh, 5 par 42, en blanc ; Rubens, 15 par 204, en bleu et jaune.

Nous sommes avec toi par la prière
Eisenstein

Le 12 février 1934

Mr Max Eisenstein
Galerie Eisenstein
San Francisco,
Californie, USA

Max, mon vieil ami,

Mon Dieu, sais-tu ce que tu es en train de faire ?

Je vais devoir essayer de faire sortir clandestinement cette lettre en la confiant à un Américain que j'ai rencontré ici. Tu ne peux imaginer mon désespoir : ce télégramme fou, ces lettres que tu m'as envoyés... Rien de tout cela ne m'est parvenu directement mais on m'a convoqué : ils me les ont montrés et m'ont sommé de m'expliquer ; ils exigent que je leur donne le code. Quel code ? Comment toi, un ami de toujours, peux-tu me faire une chose pareille ?

Te rends-tu compte que tu es en train de me détruire ? Les résultats de ta folie sont déjà terribles. On m'a révoqué de mon poste de fonctionnaire. Heinrich a été renvoyé des Jeunesses hitlériennes sous le prétexte qu'il a une trop petite santé pour militer dans cette organisation. Dieu du ciel, Max, ne comprends-tu pas ce que cela signifie ? Et Elsa, à qui je n'ose rien dire, qui ne comprend pas pourquoi les notables locaux refusent soudain ses invitations... Et le baron Von Freische qui ne la salue plus quand il la rencontre dans la rue...

Oui, bien sûr, je sais pourquoi tu as fait ça. Mais ne vois-tu pas que je ne pouvais pas intervenir ; que je n'ai même pas osé tenter d'intervenir ? Je t'adjure maintenant, du fond de l'âme, d'arrêter, non pour moi, mais pour Elsa et les garçons. Pense ce que cela signifierait pour eux si on m'emmenait et qu'ils ne sachent même pas si je suis vivant ou mort. Sais-tu ce que c'est qu'être envoyé dans un camp de concentration ? Veux-tu vraiment me coller le dos au mur et pointer une mitraillette sur moi ? Je t'en supplie, cesse ! Cesse maintenant que tout n'est pas encore totalement perdu. Désormais, c'est pour ma vie que je crains, Max. Pour ma vie.

Est-ce bien toi qui commets cette horreur ? Toi, mon bon vieux Max que j'ai aimé comme un frère ? Mon Dieu, mais tu n'as donc pas de pitié ! Assez ! Je t'en supplie. Arrête tant qu'on peut encore me sauver. C'est du fond de mon cœur rempli pour toi d'une vieille affection que je t'implore.

Martin

GALERIE EISENSTEIN,
SAN FRANCISCO, CALIFORNIE, USA

Le 15 février 1934

Herrn Martin Schulse
Schloss Rantzenburg
Munich, ALLEMAGNE

Notre très cher Martin,

Il pleut ici depuis dix-huit jours : 17,5 cm d'eau dans les rues.

Quelle saison pourrie ! Une cargaison de 1 500 brosses à l'usage de tes Jeunes peintres devrait parvenir à la succursale de Berlin à la fin de la semaine. Cela laisse du temps pour s'entraîner en vue du grand événement. Des mécènes américains t'aideront en te fournissant tout le matériel d'artiste qu'ils pourront, mais ce sera à toi de t'occuper des derniers préparatifs. Nous sommes trop coupés du marché européen ; toi, en revanche, tu es en position d'apprécier l'étendue du soutien dont bénéficierait en Allemagne une telle exposition. Pour le 24 mars, prépare-toi donc à distribuer : Rubens, 12 par 77, en bleu ;

Giotto, 1 par 317, en vert et blanc ; Poussin, 20 par 90, en rouge et blanc.

Le jeune Blum est parti vendredi dernier avec les précisions sur le Picasso. Il déposera des huiles à Hambourg et à Leipzig et se tiendra ensuite à ta disposition.

Avec tous nos souhaits de réussite
Eisenstein

Martin, notre frère,

Le cousin Julius vient d'avoir deux garçons de 4,5 kg. Toute la famille se réjouit. Nous considérons le succès de ta prochaine exposition d'artistes comme assuré. La dernière cargaison de toiles a été retardée en raison de certains problèmes concernant les communications internationales, mais elle parviendra en temps voulu à tes associés berlinois. Tu peux considérer que la reproduction de la collection est achevée. Ton meilleur soutien devrait provenir des enthousiastes de Picasso, mais ne néglige aucune autre piste.

Nous laissons les plans finals à ta discrétion, mais fais en sorte d'avancer la date de l'exposition pour qu'elle soit un vrai succès.

Que le Dieu de Moïse soit à ta droite
Eisenstein

Le contexte historique

Ce petit livre est un modèle de concision et d'achèvement. Kathrine Kressmann Taylor a choisi cette forme épistolaire frappante pour attirer l'attention de ses concitoyens sur ce qui se passait en Allemagne. Tout est dit en dix-neuf lettres, et tout est vrai. L'auteur était bien renseigné – par des nouvelles reçues d'Allemagne et par ses contacts avec le FBI. Nous connaissons maintenant les mesures prises en rafale par Hitler dès son accession au pouvoir, mais, à l'époque, cela relevait du tour de force de les comptabiliser toutes, et dans le bon ordre. Il me semble donc utile de rappeler le contexte de ces dix-huit mois d'échanges entre Max et Martin, car plusieurs lettres se réfèrent à certaines de ces mesures.

Ce qui constitue la toile de fond des trois premières lettres est archiconnu : les effets délétères de la crise économique et, sur le plan politique, « l'humiliation » infligée à l'Allemagne par le *diktat* de Versailles et l'occupation de la Rhur. Hitler accède au pouvoir le 30 janvier 1933 ; l'incendie du Reichstag, le 27 février, donne le signal de la chasse aux communistes – ce sera bientôt le tour des autres.

Rappelons le contexte de la quatrième lettre : Le 13 mars, Goebbels est nommé ministre de la Propagande et de l'Information. Le 23 mars, Hitler expose son nouveau Manifeste artistique : « Toute production à caractère cosmopolite doit être retirée des collections et des musées » ; en gros, tous les peintres non académiques. L'exposition « l'Art officiel » signe le triomphe des peintres nationaux-socialistes. Chez les non-Allemands, sont visés, entre autres, Picasso, Kandinsky, Van Gogh, Chagall, Kokoschka. Chez les Allemands : Paul Klee, Max Beckmann, Otto Dix, George Grosz, Emil Nolde (pourtant inscrit au parti nazi), Max Ernst, Felix Nussbaum et Max Lieberman, ces trois derniers juifs allemands. Pourquoi insister sur ce point ? Parce qu'il s'agit de l'arrière-plan de l'histoire. Max et Martin étaient associés dans le commerce de l'art. Début avril 1933, Hitler prend les premières mesures contre les Juifs : boycottage de leurs commerces, révocation de leurs fonctionnaires et leur expulsion des professions libérales. Suivent la création de la Gestapo, l'application du programme d'épuration raciale de *Mein Kampf* par Goering, des milliers d'arrestations d'opposants de tout poil, et, le 30 juin 1934, la Nuit des longs couteaux : la SS remplace la SA. Création des premiers camps de concentration.

La cinquième lettre fait allusion à un « pogrom ». On s'interroge : s'agirait-il d'une confusion avec la Nuit de cristal, nettement postérieure ? Non. Vérifications faites, des Juifs sont molestés, ponctuellement, régulièrement, partout en Allemagne.

Les sept lettres suivantes ne comportent « que » la mise en œuvre du programme susénoncé, pour en arriver au télégramme. En septembre 1933, Hitler crée la Chambre de la culture du Reich. Adolf Ziegler préside la section Arts plastiques. Les peintres non affiliés à la fameuse Chambre ne peuvent plus travailler car on leur interdit d'acheter du matériel. Bien avant la fameuse exposition munichoise de 1937, la notion d'« Art dégénéré » colle à la peau des artistes modernistes, d'où la référence

de Max à la Ligue des jeunes peintres allemands, et à toutes ces brosses et matériel divers
censés tomber du ciel.

Inutile d'évoquer le contexte des lettres suivantes : c'est la terreur. Kathrine Kressmann
Taylor a abattu ses cartes.

En conclusion, soulignons un paradoxe : une
simple citoyenne, Kathrine Kressmann Taylor,
s'est fait un devoir d'attirer l'attention de ses
concitoyens sur la dangerosité du régime nazi.
Le Département d'État des États-Unis, lui, n'a
pas levé le petit doigt.

Michèle Lévy-Bram,
mars 2015

L'INCROYABLE AVENTURE
D'UN LIVRE CULTE

Étrange destin que celui d'*Inconnu à cette adresse*, écrit par une femme, publié sous un nom d'homme, best-seller en Amérique avant d'être oublié, puis redécouvert dans le monde entier soixante ans plus tard.

La genèse

1928, San Francisco. Kathrine Kressmann est une femme, une épouse, bientôt une mère parmi tant d'autres. Elle griffonne parfois quelques textes en vers, mais l'écrivain qui sommeille en elle ne s'est pas encore révélé. Et pourtant elle écrira ce texte qui va marquer les mémoires : Whit Burnett, directeur de *Story Magazine*, y verra « la nouvelle *parfaite* », et *The New York Times Book Review* « la perfection même ».

1935. Kathrine Kressmann a des amis allemands, « cultivés, intellectuels, généreux », qui décident de retourner vivre en Allemagne. Peu de temps après, elle s'aperçoit au travers de leurs courriers qu'ils sont devenus des nazis convaincus, « refusant d'écouter la moindre critique sur Hitler ». De passage en Californie, ils vont jusqu'à tourner le dos à l'un de leurs très proches amis rencontré dans la rue, parce qu'il est juif. Choquée, elle s'indigne : « Comment cela est-il possible ? Qu'est-ce qui a tant changé leurs cœurs ? Quel processus les a menés vers tant de cruauté ? Ces questions me hantaient, je ne pouvais les faire disparaître. Il était difficile d'imaginer que ces gens que je connaissais et respectais aient pu être victimes du poison nazi. » Elle se renseigne, et ce qu'elle apprend sur Hitler la terrifie, d'autant plus que les Américains semblent tout ignorer de la situation en Europe. Un jour, Elliott Taylor, son mari, lui montre un court article évoquant l'inquiétude de jeunes Américains étudiant en Allemagne à l'idée que leurs camarades écrivent à des nazis choisis au hasard des lettres tournant Hitler en ridicule. « Arrêtez, leur intiment-ils, ces gens-là ne rigolent pas. Vous pourriez tuer l'un de ces nazis en lui écrivant. »

Cet article agit comme un déclic sur Kathrine Kressmann qui décide de s'attaquer à un roman épistolaire dans lequel une lettre serait l'arme du crime. Son objectif : « Écrire sur ce que faisaient les nazis et montrer au public américain ce qui arrive à des gens réels, bien vivants, balayés par une idéologie perverse[1]. » *Inconnu à cette adresse* était né.

Première publication et réception aux États-Unis

Le texte terminé est d'abord envoyé à plusieurs magazines. Sans succès. Il lui faudra attendre trois ans pour qu'il soit finalement publié dans *Story Magazine*. Les éditeurs, mais aussi son mari, estiment que c'est un texte trop fort pour être publié sous un nom de femme. Kathrine Kressmann devient alors Kressmann Taylor, et le texte – sorti en 1938 sans promotion particulière – connaît un succès immédiat. Pour la première fois dans l'histoire de *Story Magazine*, qui existe depuis huit ans, tous les

---

1. Extrait de la préface de C. Douglas Taylor in *Address Unknown*, Souvenir Press Ltd, (2002).

exemplaires sont vendus en moins de dix jours. On découvre rapidement que l'auteur est une femme, présentée comme mère de famille ayant trouvé par miracle le temps d'écrire – ce qui est loin d'être vrai. Toujours est-il que cette œuvre crée un véritable émoi national. Le texte est publié dans le *Reader's Digest* en version abrégée, et, enfin, en 1939, sous forme de livre par l'éditeur Simon & Schuster. Vendu au prix de 1 dollar, il s'en écoule 50 000 exemplaires au total, un chiffre considérable pour l'époque[2]. Les critiques, unanimes, s'accordent à dire qu'il s'agit d'une nouvelle parfaite et puissante. Ils célèbrent la maîtrise de l'auteur et mettent en avant le pouvoir de cette fiction qui a permis de révéler au grand public une réalité terrible. Le livre est publié en Angleterre dans la foulée, et plusieurs traductions sont lancées.

Hollywood commence à s'y intéresser et Columbia Pictures achète rapidement les droits pour le grand écran. William Cameron Menzies réalise l'adaptation avec Paul Lukas dans le rôle de Martin et Morris Carnovsky dans celui de Max. Le film sort en 1944.

---

2. « Portrait d'une inconnue à cette adresse », Cécile Delarue, *Libération* (février 2000).

L'oubli, et la redécouverte

Malgré l'énorme succès du livre au moment de sa parution, il tombe rapidement dans l'oubli, éclipsé par les tragiques événements de l'année 1939. L'Allemagne nazie a déjà envahi la Pologne et la Finlande, et s'apprête à dominer le continent européen. Les traductions en cours sont arrêtées, et, hormis l'édition anglaise, *Inconnu à cette adresse* n'apparaîtra en Europe que sur la liste des livres bannis par le Troisième Reich… et ce jusqu'en 1999.

1995. À l'occasion des 50 ans de la libération des camps de concentration, Story Press Books réédite *Inconnu à cette adresse*, qui accède au statut de classique de la littérature américaine, un an avant la mort de son auteur. Kathrine Kressmann Taylor, ravie, écrit à un ami : « Avez-vous vu la nouvelle édition d'*Inconnu à cette adresse* ? Cinquante-sept ans après sa première publication, et cinquante-six ans après sa première publication en tant que livre, ma petite histoire continue de vivre sa vie. Je trouve cela merveilleux[3] ! »

---

3. Lettre de Kathrine Taylor Rood à David T. Hedrick, bibliothécaire à l'Université de Gettysburg, le 5 avril 1995.

1999. Paris. Peu de temps après la mort de Kathrine Kressmann Taylor, le livre arrive sur le bureau de Henry Dougier qui dirige alors les Éditions Autrement : « Le livre m'est tombé par hasard entre les mains, raconte-t-il. Une amie m'a fait passer le texte, que j'ai publié sans publicité particulière[4]. » Le bouche-à-oreille fonctionne à merveille. Anouk Aimée et Karl Lagerfeld l'offrent à tous leurs amis. De nombreux libraires le mettent en évidence. La presse s'emballe et raconte l'improbable histoire de ce texte. Imprimé au départ à 3 000 exemplaires, il s'en vend 55 000 en moins de neuf mois, puis rapidement 600 000 exemplaires en édition grand format, plus que la totalité des ventes aux États-Unis. Fort de ce nouveau succès, *Inconnu à cette adresse* est traduit dans vingt-trois langues et devient, enfin, un classique de la littérature mondiale.

À ce jour, plus de 800 000 exemplaires ont été vendus en France.

---

4. « Le mystère Kressmann Taylor », par Olivier Le Naire dans *L'Express* (10/01/2002).

Extraits d'articles parus
dans la presse américaine

« Cette nouvelle moderne est la perfection incarnée. C'est la meilleure mise en accusation du nazisme par un texte de fiction. »
The New York Times Book Review, 1939

« Une œuvre ingénieuse, puissante, et inquiétante. »
The Saturday Review, 1939

« Une œuvre incroyablement puissante, dont le dénouement n'a rien à envier à ceux qui ont rendu Poe, Maupassant, et O. Henry célèbres en leur temps. [...] Il s'agit bien évidemment d'un texte de fiction, d'un récit savamment composé. Mais je vous mets au défi de le lire sans émotion, sans penser : "Bien fait pour cette ordure !" Je peux dire sans m'avancer qu'*Inconnu à cette adresse* sera la nouvelle la plus discutée dans les mois à venir. »
San Francisco Chronicle, 1939

« De temps à autre, est publié un livre qui provoque un véritable engouement... En 1936, c'était un pavé de 1 037 pages, peuplé de toute une galerie de personnages, coûtant 3 dollars et intitulé *Autant en emporte le vent*. Cette année, c'est un livre qui se situe à un autre extrême quant à sa taille – il fait 64 pages –, qui met en scène seulement trois personnages et coûte 1 dollar. C'est *Inconnu à cette adresse* de Kressmann Taylor. Tout le monde le lit. C'est déjà l'un des livres les plus commentés de l'année. [...] J'ai dans l'idée que Kressmann Taylor sera aussi surprise par le succès de son livre que l'a été Margaret Mitchell. »

The Observer, 1939

« La maîtrise de l'artiste est admirable. La forme épistolaire pose habituellement un certain nombre de difficultés, mais dans *Inconnu à cette adresse*, l'histoire coule toute seule. C'est sans aucun doute l'une des meilleures nouvelles publiées ces temps-ci. »

Morning Herald, 1939

« Ce livre est un véritable travail d'orfèvre. »
Red Bluff California News, 1939

« C'est sans doute l'une des nouvelles contemporaines les plus parfaites qui ait jamais été écrite, et certainement l'un des textes de littérature les plus émouvants issu de la tragédie juive en Allemagne. »

New York Journal, 1938

« Simple, chaleureux, profondément humain et incroyablement touchant. Il s'emparera à la fois de votre tête et de votre cœur. »

Los Angeles Times, 1939

« Maupassant lui-même n'a jamais écrit une histoire de vengeance – ou serait-ce de châtiment ? – qui frôle autant la perfection. Subtilité et suspense mènent l'intrigue vers sa terrible et inévitable conclusion. »

New York Herald Tribune, 1939

« Ne ratez pas ce livre minuscule. [...] Sa trame resserrée vous brisera le cœur et vous coupera le souffle. »

New York Mirror, 1939

Extraits d'articles parus
dans la presse française

« Une force démoniaque. [...] On n'a qu'un seul désir, le faire lire. À tous. Vite. »

Martine Laval, *Télérama*

« Une sorte d'ovni littéraire, une manière de chef-d'œuvre secret. »

Frédéric Vitoux, *Le Nouvel Observateur*

« Pourquoi un tel succès ? Parce que *Inconnu à cette adresse*, dense, efficace, machiavélique, est un texte choc. [...] Et l'on se pose à notre tour cette question : à qui vais-je faire découvrir Kressmann Taylor ? »

Olivier Le Naire, *L'Express*

« Le plus étonnant, c'est que ce livre qui dénonce avec tant de subtilité les horreurs du nazisme ait été écrit avant même le début de la guerre. À ce titre l'auteur fait figure de visionnaire. »

Alain Chouffan, *Le Nouvel Observateur*

« On se retrouve captif d'une tragédie intime exemplaire. C'est douloureux. Et fulgurant. »

Xavier Houssin, *Point de vue*

« Soixante ans après sa publication aux États-Unis, *Inconnu à cette adresse* bouleverse les Français. Quand il aura cessé d'être un long-seller, ce sera donc un classique. »

Jérôme Garcin, *La Provence*

« Ce petit livre dense et violent est une bombe à retardement. […] Une fiction si proche de la réalité que l'on en tremble encore soixante ans après. »

Lili Braniste, *Lire*

« Avec une sobriété extrême, ce petit livre de Kressmann Taylor est un "instantané" de l'Histoire : il donne la chair de poule. »

André Rollin, *Le Canard enchaîné*

« C'est le phénomène de l'année : une nouvelle écrite en 1938 par une Américaine obscure et qui est un absolu chef-d'œuvre. »

Le Point

« Un petit roman immense à offrir à ses amis. »

Cosmopolitan

« J'aimerais vous en convaincre : jetez-vous sur ce court roman inconnu, cette longue nouvelle de l'Américaine Kressmann Taylor. [...] Cinquante pages d'une intelligence et d'une densité rarissimes. [...] Vous aussi, vous allez être éblouis par *Inconnu à cette adresse.* »

Un livre, un jour

« Je viens de lire un livre bouleversant ? Petit (60 pages) mais qui fait venir aux lèvres le mot "perfection". Peut-être le connaissez-vous ? »

François Cavanna, *Charlie Hebdo*

« Roman épistolaire proche de la perfection. [...] Prodigieux de clairvoyance et de sobriété. »

Éric Neuhoff, *Figaro Madame*

« Ralentir, chef-d'œuvre ! »

Elle

« C'est l'histoire d'un livre qui demeure sur d'innombrables lèvres. Qu'on prononce son titre, et une drôle de petite flamme naît dans les pupilles. »

L'Humanité Hebdo

Couverture du numéro de septembre-octobre 1938 de Story Magazine *dans lequel est paru pour la première fois* Inconnu à cette adresse. *On peut y lire :* « Inconnu à cette adresse, *une nouvelle épistolaire du niveau de Maupassant.* »

SEPTEMBER-OCTOBER

STORY

**ADDRESS
UNKNOWN
by
TAYLOR**

40 CENTS

/

Couverture de la première édition d'Inconnu à cette adres
publiée en 1939 par Simon & Schuster aux États-Unis. On peut
lire le slogan suivant : « Vous le lirez en une demi-heure, mais vo.
vous en souviendrez toute votre vie. »

ADDRESS UNKNOWN

by

KRESSMANN TAYLOR

ADDRESS UNKNOWN will be read in less than half an hour—but it will be remembered for a lifetime.

Page de titre de l'édition de 1939 de Simon & Schuster dédicacé par Kressmann Taylor.

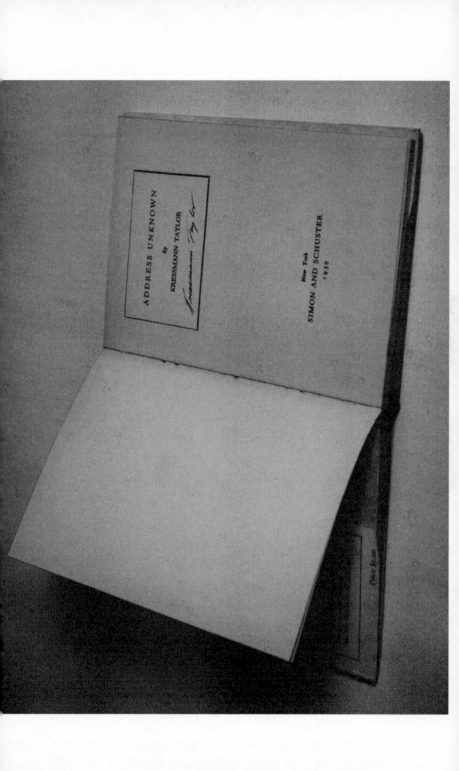

ADDRESS UNKNOWN

by

KRESSMANN TAYLOR

New York
SIMON AND SCHUSTER
1939

Price $1.00

*Affiche de l'adaptation cinématographique d'*Inconnu à cette adresse *(Columbia Pictures) sortie aux États-Unis en 1944.*

Kathrine Kressmann Taylor, une femme d'exception

Biographie

Mystères, mythes et mensonges ont longtemps entouré le nom de Kressmann Taylor.
Aujourd'hui encore, la biographie de celle que
l'on imaginait simple femme au foyer demeure
imprécise. Seuls un entretien télévisé de 1995
et quelques bribes livrées par son fils, Douglas,
nous éclairent un peu plus sur sa vie.

Kathrine Kressmann Taylor naît en 1903, à
Portland dans l'Oregon, d'une mère institutrice
et d'un père banquier d'origine allemande. Dès
son plus jeune âge elle fait preuve d'un goût et
d'un talent sans pareils pour la chose littéraire.
Elle remporte, à l'âge de 11 ans, un concours
de nouvelles et voit son premier texte publié.
Avec les 5 dollars reçus en guise de prix elle
s'achète les trois volumes des *Misérables* dans
une édition reliée en semi-cuir.

À une époque où les femmes font rarement des études, elle s'inscrit à 17 ans à l'université de l'Oregon pour étudier la littérature et le journalisme. Une fois diplômée, Kathrine Kressmann s'installe à San Francisco où, contre l'avis de ses parents, elle travaille comme correctrice-rédactrice dans la publicité de 1926 à 1928 tout en continuant à écrire et à publier occasionnellement dans des périodiques. Elle rencontre alors son futur mari, Elliott Taylor, éditeur d'un petit journal.

Peu après leur mariage, en plein cœur de la Grande Dépression, les Taylor s'installent dans une ferme au sud de l'Oregon. Elliott passe beaucoup de temps à San Francisco et Kathrine se retrouve souvent seule avec ses enfants, devant assumer l'entretien de la maison et de la ferme. Et pourtant, tout au long de ces années, elle ne cesse jamais d'écrire : le mythe de la femme au foyer, mère de famille, qui refuse l'étiquette d'écrivain ne tient guère. L'auteur consacre en effet beaucoup plus de temps à l'écriture qu'aux travaux domestiques et publie régulièrement des poèmes satiriques dans le magazine *Controversy*.

À la fin des années 1930, la famille rentre à San Francisco, avant de s'installer à New York.

Choquée par l'enthousiasme de ses anciens amis allemands à l'égard des nazis, Kathrine Taylor prend sa plume et écrit *Inconnu à cette adresse*. Cet échange épistolaire entre un Juif américain et un Californien d'origine allemande, retourné au pays et séduit par l'idéologie nazie, dévoile avec une clairvoyance surprenante la véritable nature du régime hitlérien.

Son mari et Whit Burnett, son éditeur, jugeant « l'histoire trop forte », préfèrent rebaptiser l'auteur. Kathrine devient alors Kressmann – nom de jeune fille de l'écrivain – plus masculin. Elle conservera ce pseudonyme pour la totalité de ses publications, à l'exception du *Journal de l'année du désastre* (1967). *Inconnu à cette adresse*, publié en 1938 dans *Story Magazine*, puis repris par le *Reader's Digest*, connaît un succès immédiat outre-Atlantique.

Pendant la guerre, le FBI et la CIA organisent des rendez-vous secrets entre Kressmann Taylor et Leopold Bernhard, un pasteur allemand émigré aux États-Unis pour fuir la répression nazie. Le FBI espère ainsi rendre l'opinion américaine favorable à une intervention militaire dans le conflit mondial. En 1942, Kathrine Kressmann Taylor publie donc *Jour sans retour*, une biographie déguisée de ce pasteur, organisateur de la résistance de l'église luthérienne en Allemagne. Censé prévenir la menace nazie mais publié trop tard, après l'attaque de Pearl Harbor, le roman passe malheureusement inaperçu.

En 1947, Kathrine et sa famille quittent New York pour la Pennsylvanie. Peu de temps après, elle est nommée maître de conférences à l'université de Gettysburg où elle enseigne la littérature anglaise et le *creative writing*. Elle y devient la première femme titularisée avant d'être nommée professeur émérite de littérature. Après la mort de son mari en 1953, elle continue de publier des nouvelles, notamment dans la revue *Woman's Day* et dans le numéro de 1954 des *Best American Short Stories*. Ces nouvelles, regroupées en deux volumes, seront publiées en France sous le titre *Ainsi mentent les hommes* et *Ainsi rêvent les femmes*.

Entre 1959 et 1960, Kathrine décide de s'offrir un congé sabbatique d'un an et part à la découverte de l'Italie du Nord. Elle tombe sous le charme de ce pays, de sa culture, de ses habitants, apprend l'italien et fait de fréquents séjours dans ce pays. Elle est témoin des inondations catastrophiques de l'Arno en 1966. Ses souvenirs de ce tragique épisode sont rassemblés dans un livre intitulé *Journal de l'année du désastre*. La même année, elle épouse John Rood, sculpteur et professeur à l'université du Minnesota, rencontré lors d'un voyage en Europe. Dès lors, le couple partage son temps entre sa villa de Val di Pesa, près de Florence, et Minneapolis, dans le Minnesota. Après le décès de son second mari, elle continue à partager son existence entre l'Italie et les États-Unis. En 1978, elle termine *Jours d'orage*, récit qui revient sur la Seconde Guerre mondiale, l'Italie et sur John Rood.

En 1995, après le succès fulgurant qui suit la réédition par Story Press Books d'*Inconnu à cette adresse*, Kathrine Kressmann Taylor sort de l'anonymat. Elle s'éteint en 1996, reconnue aux États-Unis mais sans avoir été témoin de l'engouement phénoménal que sa nouvelle a suscité en Europe.

Extrait de l'interview de Kathrine Rood[1] par David T. Hedrick, bibliothécaire responsable des « collections spéciales » de l'université de Gettysburg, le 6 décembre 1993

KATHRINE ROOD : Afin de comprendre ce qui s'est passé, nous devrions revenir un peu en arrière, et nous pencher sur le climat politique en Europe et aux États-Unis au moment de la publication d'*Inconnu à cette adresse*. Publié précisément à l'époque de l'ascension du nazisme en Allemagne, il a agi comme une sorte d'électrochoc, permettant aux Américains de prendre conscience des horreurs qui se déroulaient en Allemagne. La presse aux États-Unis ne s'intéressait pas au nazisme, même si nous avions quand même vu des photos de membres des troupes d'assaut de l'armée allemande agitant leurs swastikas et entendu parler des discours de Hitler. C'était l'époque du mouvement America First, un

---

1. À compter de son mariage avec le sculpteur John Rood, Kathrine Kressmann Taylor se fait appeler Kathrine Rood.

mouvement qui avait pour vocation de nous tenir à distance de l'Europe et de la menace de guerre assombrissant l'horizon. La presse avait publié très peu d'articles sur le réarmement massif allemand en cours en Europe. Nous n'avions pas la moindre idée des atrocités qui étaient perpétuées dans toute l'Allemagne. C'était un an avant la Seconde Guerre mondiale.

Nous habitions San Francisco, une ville portuaire, et des voyageurs avaient évoqué le récit de Juifs regroupés dans des camps de concentration. Pour nous, de ce côté de l'Atlantique, Hitler pouvait presque donner l'impression d'un personnage comique, mais nous savions que l'Europe le prenait très au sérieux. Je suis tombée sur des textes rédigés par des conseillers de Hitler : des discours effrayants sur la suprématie aryenne et la « dégénérescence juive » – des propos ahurissants !

J'ai écrit *Inconnu à cette adresse* à la suite du choc et du chagrin ressentis quand l'un de nos amis allemands, une personne extrêmement cultivée, est retourné vivre en Allemagne et a épousé l'idéologie nazie. Je n'arrivais pas à comprendre comment cela était possible. Je me sentais pétrie d'angoisse à l'idée que personne ne semble réaliser ce qui se passait là-bas. Le texte que j'ai écrit était une longue nouvelle, une novella. Je l'ai envoyée à plusieurs magazines : à *Harper's*, *Atlantic*, même à *Esquire*. Je ne recevais que des refus, jusqu'à ce que trois ans plus tard, *Story Magazine* accepte de la publier. Ce fut un incroyable succès.

Nous avions déjà quitté San Francisco pour New York. Au cours de ces trois années, j'avais perdu tout espoir de voir ce texte publié. Un jour, mon mari, Elliott Taylor, a montré l'histoire à l'un de ses amis, Gorham Munson, qui donnait des cours de *creative writing* à The New School, et lui a demandé de la lire, en lui disant : « Tu ne penses pas que Kathrine devrait suivre des cours d'écriture » ? Gorham l'a lue et a répondu : « Ça alors ! Kathrine n'a nullement besoin de suivre des cours d'écriture ! Envoie ce texte à *Story Magazine* et ils l'achèteront immédiatement ! »

Whit Burnett et Martha Foley étaient les éditeurs de *Story* à Vienne jusqu'à ce que les nazis les mettent dehors. Ils commencèrent ensuite à le publier à New York. Je leur ai donc envoyé la nouvelle et, en réponse, j'ai reçu un télégramme : « Venez nous voir. Nous allons publier votre nouvelle dans notre prochain numéro. Nous aimerions juste suggérer quelques changements à apporter aux dernières lettres, mais vous n'êtes pas obligée de les faire. »

À ce moment-la, j'étais très avancée dans ma grossesse et mon mari m'a dit : « Tu ne veux pas aller à New York City dans cet état. » Il est allé voir les éditeurs à ma place à New York et en est revenu porteur de leurs conseils. J'ai amélioré certaines des dernières lettres. Mais Elliott a ajouté : « Tu sais, nous sommes tous tombés d'accord sur le fait que c'est un texte bien trop fort pour être publié sous le nom d'une femme ; nous avons donc supprimé Kathrine de ton nom. Tu seras juste Kressmann Taylor. » Je suis restée Kressmann Taylor.

Ce numéro de *Story* fut épuisé en dix jours. Les gens à Hollywood commencèrent à faire circuler la nouvelle. Les présentateurs radio en firent l'éloge. Walter Winchell déclara que tout le monde devait la lire. Le *Reader's Digest*, renonçant à sa longue tradition publia pour la première fois, un texte de fiction dans sa rubrique « Livres ». Début 1939, Simon & Schuster sortit à son tour une édition, reliée cette fois, qui resta sur la liste des best-sellers toute l'année. Mon histoire avait vraiment secoué les gens. Je fus même qualifiée dans un journal de « La femme qui a secoué les États-Unis ».

DAVID HEDRICK : Combien de temps a-t-il fallu pour que le public découvre que Kressmann Taylor était une femme ?

KATHRINE ROOD : Quelque temps, mais finalement ça s'est su assez rapidement. En définitive, je n'ai jamais rencontré Whit Burnett et Martha Foley.

DAVID HEDRICK : … qui avaient changé votre nom.

KATHRINE ROOD : Je n'ai eu de contact avec eux que par téléphone. Ils ont changé mon nom. C'est devenu mon pseudonyme pour toutes les nouvelles que j'ai écrites. C'est seulement quand j'ai écrit le livre sur l'inondation à Florence, *Journal de l'année du désastre*, que j'ai repris mon véritable nom, ce texte a en effet été publié sous le nom de Kathrine Kressmann Taylor.

DAVID HEDRICK : Ensuite, vous avez écrit un roman, intitulé *Jour sans retour* ?

KATHRINE ROOD : *Jour sans retour*, c'est bien cela. Un éditeur avait organisé une rencontre avec un jeune réfugié allemand, avec la garantie du

FBI qu'il s'agissait de quelqu'un de sérieux. En effet, après la publication d'*Inconnu à cette adresse*, j'étais considérée comme l'écrivain antinazi par excellence. Ce jeune homme avait fui l'Allemagne et racontait comment Hitler avait essayé de prendre le contrôle de l'Église luthérienne. Il relatait cette incroyable histoire : les luthériens devaient choisir un nouveau chef de l'Église. Hitler avait demandé que tous les membres prennent part au vote. Les Allemands sont tous légalement membres de l'Église, tout du moins les Allemands de confession protestante. Les ecclésiastiques donnèrent donc leur accord. Il y eut une première réunion, où un pasteur inconnu du nom de Müller [Ludwig Müller] fut nominé. Hitler lui apporta son soutien. La hiérarchie luthérienne nomina un homme éminent qui était réellement l'un des chefs de l'Église. Quand le moment du vote arriva, sur les bulletins fournis par le gouvernement on pouvait lire : « Êtes-vous d'accord avec le Führer qui juge que Müller devrait être le chef de l'Église luthérienne, oui ou non ? » Le nom de l'autre homme ne figurait même pas sur le bulletin. C'était une histoire fabuleuse. Mais le jeune réfugié insista pour qu'on la traite comme une fiction. Il avait peur des répercussions sur sa famille en Allemagne.

Interview de C. Douglas Taylor,
fils de Kathrine Kressmann Taylor

*La publication, puis le succès d'*Inconnu à cette adresse, *ont-ils changé la vie de votre mère et celle de la famille ?*

Oui, les revenus du livre ont permis à mes parents d'acheter une ferme en Pennsylvanie, où nous sommes allés vivre au début de l'année 1942. Puis, en 1947, grâce à sa réputation d'écrivain, elle s'est vu proposer un cours de *creative writing* à l'université de Gettysburg, à proximité de chez nous. Ce cours a eu un tel succès qu'elle a ensuite été titularisée. Elle est ainsi devenue la première femme professeur de cette université, où elle a travaillé pendant dix-neuf ans.

Avez-vous des souvenirs de votre mère en train d'écrire quand vous étiez enfant ?

Oui, mais j'étais trop jeune pour me souvenir d'elle en train d'écrire *Inconnu à cette adresse*. Plus tard, elle a eu un bureau isolé dans notre maison de Nyack, dans l'État de New York, et des gouvernantes s'occupaient de nous pour qu'elle puisse travailler, sans être dérangée, sur son deuxième roman, *Jour sans retour*. Ensuite, quand elle s'est mise à enseigner à plein temps, elle n'écrivait plus que pendant les vacances d'été. Elle a ainsi écrit onze nouvelles entre les années 1940 et 1960.

Quelle était sa « routine » d'écrivain ?

Ses idées lui venaient souvent le soir. Elle quittait son lit et s'asseyait à son bureau, où elle écrivait toute la nuit. Elle aimait boire du café, toujours dans ses plus belles tasses en porcelaine anglaise. Elle utilisait une tasse différente à chaque fois qu'elle se resservait. Je me souviens de m'être réveillé certains matins et de l'avoir trouvée en train de travailler, huit ou dix tasses jonchant la table de la cuisine.

Parlait-elle avec vous ou avec votre père de son travail d'écriture ?

Mon père et elle ont eu ensemble l'idée d'*Inconnu à cette adresse*, cette idée d'utiliser une lettre comme arme. Comme il était éditeur d'une revue professionnelle, il l'a ensuite aidée à éditer et à corriger son texte.

Pour ses textes suivants, elle préférait attendre d'avoir un « produit fini », elle n'aimait pas parler d'une histoire qu'elle était en train d'écrire. Mais, une fois son travail terminé, elle en informait certains de ses collègues professeurs et les invitait pour une première lecture à la ferme. Ces sessions étaient toujours très populaires et les gens venaient en nombre.

Est-il vrai que votre mère était en contact avec le FBI ? Pouvez-vous nous en dire plus ?

C'était après *Inconnu à cette adresse*, quand elle écrivait *Jour sans retour*, un roman basé sur une histoire vraie, celle d'un jeune pasteur allemand qui avait échappé de peu aux nazis et s'était réfugié aux États-Unis. Ma grande sœur, Helen Kressmann Taylor, avait 11 ans à l'époque, et des années plus tard voici ce qu'elle a raconté : « Je me souviens des voyages de mère à New York pour rencontrer l'homme dont elle écrivait l'histoire ; je n'ai jamais su son nom. Les rendez-vous étaient organisés par le FBI. Elle disait qu'il avait très peur. Il insistait pour la rencontrer dans un endroit différent à chaque fois, pour qu'ils arrivent et repartent chacun de leur côté. Il refusait de prendre le même ascenseur qu'elle. »

Inconnu à cette adresse *a été interdit par les nazis. Votre mère a-t-elle jamais craint des représailles ?*

Pas que je sache. En tout cas, elle ne me l'a jamais dit, et je suis convaincu qu'elle en aurait parlé. Souvenez-vous qu'elle a écrit deux autres livres à charge contre les nazis : *Jour sans retour* et *Jours d'orage*.

Cela l'ennuyait-elle d'être considérée pendant des années comme « une simple femme au foyer », plutôt que comme un écrivain à part entière ? Pourquoi attendre 1995 pour rétablir la vérité ?

Il n'y avait pas de supercherie. L'étiquette de « simple femme au foyer » est quelque chose que la presse a créée de toutes parts. Elle ne s'est jamais considérée ainsi. C'était une enfant précoce, elle a gagné son premier prix d'écriture à 11 ans, a terminé le lycée à 17 ans, et a été diplômée de l'université de l'Oregon, en littérature anglaise et journalisme à 21 ans. Elle a ensuite déménagé à San Francisco, où elle a travaillé dans la publicité avant de rencontrer mon père.

Que souhaiteriez-vous dire aux lecteurs de Kathrine Kressmann Taylor, afin qu'ils la connaissent mieux ?

Elle travaillait très dur dans tout ce qu'elle entreprenait, effectuant toutes les corvées de la ferme, allant même jusqu'à mettre sa santé en péril. Je pense que mon père et elle ont été particulièrement heureux dans leurs deux fermes, en Pennsylvanie et dans l'Oregon, loin de la curiosité du public. Lorsqu'elle enseignait, elle y mettait toute son attention et son énergie, se portant volontaire pour des tâches non rémunérées comme conseillère du journal de l'université, *The Gettysburgian,* et de son magazine littéraire, *The Mercury.* L'équipe lui a d'ailleurs dédié son édition de 1957.

Ma mère se définissait par le travail. En 1966, elle a pris sa retraite de l'université, vendu la ferme, et a déménagé à Florence, où elle a été témoin de la grande inondation du fleuve Arno en novembre de la même année. Le jour de l'inondation, il y avait trente-trois résidents américains à Florence. Deux jours après ils n'étaient plus que deux, dont elle. Il n'y avait plus d'électricité dans sa pension, mais elle est restée, a enfilé des bottes pour patauger dans la boue, puis elle a installé sa machine à écrire avec une bougie de chaque côté, et a commencé à rédiger son *Journal de l'année du désastre*, publié et salué par la critique aux États-Unis et en Angleterre le printemps suivant.

C'était une personne très privée, qui a cependant profité de la notoriété apportée par son succès littéraire. En public, elle pouvait être assez flamboyante et, dans une salle pleine d'hommes, elle était toujours le centre de l'attention. Je pense que ses années les plus heureuses furent celles avec son second mari, John Rood, le sculpteur américain. Il était fou d'elle, et elle de lui. Ils ont été mariés de 1967 jusqu'à la mort de John en 1974. Ensuite, elle a continué à se faire appeler Madame John Rood.

Extraits de l'hommage
à Kathrine Kressmann Taylor
prononcé par les membres
de l'université de Gettysburg
à l'occasion de son départ à la retraite

En rendant hommage aujourd'hui à Kathrine Taylor, nous honorons la première femme titularisée de l'université de Gettysburg, nous honorons également l'un de ses membres les plus illustres, car sa réputation littéraire est bien plus étendue que nous ne le réalisons ; nous honorons un professeur accompli, dont les étudiants se souviennent avec gratitude longtemps après avoir quitté l'université, comme en témoignent les douzaines de lettres d'anciens élèves que nous venons de recevoir ; et nous honorons une personne douée de qualités rares, qualités que seuls ceux qui l'ont vraiment connue peuvent pleinement apprécier. Nous parlons avec humilité, conscients que nous ne pouvons espérer égaler la félicité limpide de son propre style, ou exprimer de façon adéquate des sentiments trop complexes pour être facilement réduits à une déclaration en public.

[...]

En tant que professeur de littérature et de *creative writing*, elle a choisi une carrière en parfaite adéquation avec ses dons et son caractère, une carrière qui lui a procuré, selon ses propres dires, beaucoup de satisfactions. L'université, pour sa part, s'est trouvée enrichie de la présence d'un professeur compétent et dévoué, qui a toujours été vénéré par ses étudiants, sans exception aucune.

Il est difficile d'imaginer un professeur de *creative writing* qui ait su mieux révéler le potentiel de jeunes écrivains. Par sa lecture de leurs travaux pendant les cours, elle réussissait à donner vie à chaque nuance, par ses critiques astucieuses, jamais condescendantes, qui montraient précisément où se cachait le sens profond du texte et comment le révéler, elle a stimulé l'aspirant écrivain pour étendre son potentiel à son maximum et même au-delà.

[...]

Pendant dix-neuf ans, Kathrine Taylor a fait profiter ses étudiants et l'université de Gettysburg de son talent et d'elle-même. Elle a siégé dans ses commissions les plus importantes et dirigé les travaux de ses étudiants. Elle a joué un rôle fondamental dans la création du cours d'Initiation à la littérature, qu'elle a supervisé et enseigné avec un zèle contagieux aussi bien pour les étudiants que pour les professeurs. Nombre de ses étudiants sont devenus des écrivains et des professeurs reconnus, et bien plus encore ont emporté avec eux quelque chose de son amour pour la littérature et la vie.

[...]

Finalement, que pouvons-nous dire de Kathrine Taylor, la personne ? Nombre d'entre nous ont connu la beauté et l'ordre qui l'accompagnaient où qu'elle fût, la dignité mesurée de ses paroles quand elle guidait un auditeur vers la clarté et la reconnaissance. Mais certains d'entre nous, collègues et étudiants, ont une dette plus profonde, une dette presque trop personnelle et difficile à exprimer. Nous avons le sentiment qu'à travers Kathrine nous avons également connu quelque chose d'autre, et que nous en sommes ressortis plus authentiques.

[...]

Même si son influence va désormais s'exercer ailleurs, elle restera bien vivante parmi nous, et, à travers elle, Kathrine aussi. D'autres auront maintenant le privilège de découvrir sa vision unique, et, en la regardant vivre, apprendront à faire de même, et nous, avec un peu de chance, ne perdrons pas ce qu'elle nous a donné. Nous pouvons donc simplement la remercier d'être et de partager ce qu'elle est, et nous sommes bien conscients que nous célébrons ici plus que ce que nous arrivons à cerner. Car l'avoir connue, et avoir vu, même un bref instant, à travers ses yeux, revient à avoir effleuré, nous le sentons, la beauté et la permanence de chaque chose.

Nous t'offrons, Kathrine, les mots du Maître, Dante, au moment du départ de sa Dame :

De tant de choses que j'ai vues
par ton pouvoir et ta bonté,
je reconnais la grâce et la vertu.

Tu m'as tiré de servitude à liberté
par toutes ces voies, par tous ces modes
que tu avais le pouvoir d'user.

Conserve en moi ta magnificence[1].

Edward J. Baskerville,
Professeur assistant de littérature anglaise

C. Robert Held,
Professeur assistant de lettres classiques

Ralph D. Lindeman,
Professeur de littérature anglaise

---

1. in *Paradiso*, XXXI, Dante Alighieri, traduction de Jacqueline Risset, Garnier-Flammarion, 1990.

DU BEST-SELLER AU TRIOMPHE DE L'ADAPTATION THÉÂTRALE

À la suite de l'incroyable succès du livre en France, *Inconnu à cette adresse* a été monté au théâtre à plusieurs reprises. Parmi, ces adaptations théâtrales, celle du Théâtre Antoine a suscité un véritable engouement du public et a été encensée par la critique.

Fin 2011, l'écrivain et metteur en scène Delphine de Malherbe propose à Laurent Ruquier et Jean-Marc Dumontet, les directeurs du Théâtre Antoine, de monter la pièce dans leur théâtre, dans une adaptation de Michèle Lévy-Bram, la traductrice du texte en français. Ils acceptent. La première a lieu en janvier 2012, avec Gérard Darmon et Dominique Pinon dans les rôles-titres. Le succès est immédiat. Les duos d'acteurs prestigieux se succèdent. En 2013, l'adaptation d'*Inconnu à cette adresse* reçoit un Globe de Cristal de « Meilleur spectacle de l'année ». En 2015, on célèbre la 400e représentation de cette pièce. Et ce n'est pas fini…

Le mot du metteur en scène

L'émotion ne s'achète pas. Mais la première fois que j'ai eu *Inconnu à cette adresse* entre les mains, j'ai pourtant acheté et offert ce « minuscule » opuscule – minuscule en apparence – à tout le monde autour de moi tant il m'avait bouleversée physiquement et intellectuellement. Et avec quelle puissance, quelle délicatesse, quelle rapidité ! Une missive. Dès lors, l'émotion s'est propagée car l'aspect visionnaire et l'intelligence fine, généreuse mais cruelle du texte a fait œuvre insidieusement chez mes proches à qui j'avais fait, sans le savoir, un cadeau « immense », dirent-ils.

Quand j'ai rencontré Laurent Ruquier, il venait d'acquérir le Théâtre Antoine avec Jean-Marc Dumontet. Son expérience personnelle avec le texte était similaire à la mienne. Alors nous avons décidé de nous « lancer ». De réinventer *Inconnu à cette adresse* pour la scène du Théâtre Antoine, en premier lieu avec Gérard Darmon et Dominique Pinon. Après une longue réflexion avec mon assistante Joëlle Benchimol, nous nous sommes rendu compte qu'il n'y avait pas un mot à retoucher pour adapter le texte au théâtre. La mise en scène ferait œuvre. Nous pensions que l'aventure durerait trois mois, elle dure depuis trois ans avec un succès critique et public qui l'accompagne jusqu'à dépasser nos frontières, et récolter un Globe de Cristal de « Meilleur spectacle de l'année » en 2013. Chaque mois, quelques-uns de nos plus grands comédiens de la scène française se relaient pour donner à ce texte un nouvel éclairage. Car en tant que directrice d'acteurs, je n'ai pas voulu « créer » des personnages, mais que chacun amène sa vérité la plus fragile et la plus troublante pour que les mots saisissants de Kressmann Taylor demeurent un joyau. Merci à Stéphanie Bataille d'avoir aidé à ce que l'aventure se poursuive.

En tant qu'écrivain, c'est enfin l'histoire personnelle de Kathrine Kressmann Taylor, modeste journaliste et femme au foyer, qui est devenue pour moi une raison supplémentaire de mettre en lumière cet ouvrage. Elle emprunta un nom d'homme, car personne ne croyait qu'une femme soit capable d'un tel génie. On ne la publia qu'en 1938 dans *Story Magazine*. Et l'ouvrage visionnaire connut ensuite ce succès mondial, par vagues, qui ne cesse encore de surprendre.

J'envie les lecteurs qui vont découvrir cet ouvrage que la presse qualifia à l'époque d'« ovni littéraire, une manière de chef-d'œuvre secret ». Son suspense captivant, son histoire décrite en quatrième de couverture des Éditions Autrement réveilleront en chacun les thèmes universels et intemporels du pardon et de la vengeance au cœur du foyer de l'amitié déchirée. Ces lettres sont à mes yeux le testament poignant de deux êtres humains pris dans la machine infernale d'un drame universel. La virtuosité de l'auteur, son style limpide mais tranchant d'où émergent pourtant une douceur et une tendresse inégalées pour le genre humain, son habileté démoniaque quant au sujet évoqué, font de ce texte une exception, sans démagogie ni complaisance, accessible à tous.

Pour clore le tout, la montée des extrémismes au cœur d'une histoire d'amitié est redevenue plus que jamais d'actualité, aujourd'hui, en 2015.
Inconnu à cette adresse doit continuer de vivre.

Delphine de Malherbe,
mars 2015

Les mots des directeurs
du Théâtre Antoine

Quand, il y a quatre ans, Delphine de Malherbe m'a proposé de jouer le rôle de Martin dans *Inconnu à cette Adresse*, qu'elle souhaitait mettre en scène, sa première interrogation – c'était bien normal – fut de savoir si je connaissais ce texte.

Et comment ! Dans les années 1990, j'avais même, sur France Inter, conseillé à mes auditeurs de courir acheter ce petit chef-d'œuvre de Kressmann Taylor qui connaissait alors une nouvelle vie dans nos librairies. J'étais fier de participer ainsi au bouche-à-oreille qui fait le succès de ce genre de livre qu'on ne peut refermer sans avoir envie de l'offrir à quelqu'un.

Je n'eus pas besoin de relire l'échange épistolaire entre Max et Martin pour savoir que je n'étais pas comédien et ne me sentais pas la force de « porter » ce texte.

Mais le hasard faisant bien les choses, j'apprenais à Delphine de Malherbe que je venais de racheter le Théâtre Antoine avec Jean-Marc Dumontet et que nous accueillerions volontiers un tel projet pour la séance de 19 heures, à condition que Max et Martin soient défendus par de vrais acteurs qui auraient le talent nécessaire.

Du premier duo Gérard Darmon-Dominique Pinon à Stéphane Guillon-Gaspard Proust en passant par Bruno Solo-Samuel Le Bihan, Thierry Lhermitte-Patrick Timsit, Thierry Frémont-Nicolas Vaude, Michel Boujenah-Charles Berling, Élie Semoun-Jean-Paul Rouve, Jean Benguigui-Martin Lamotte... nous avons été gâtés. Mais je crois pouvoir dire que ces acteurs inspirés l'ont été aussi par ce texte ciselé qui conserve une force incroyable à une époque où, plus que jamais, il est encore temps de se souvenir.

L'amitié, la trahison, l'endoctrinement, la lâcheté, la vengeance sont autant de thèmes qui sont au rendez-vous de ce texte visionnaire, puisque écrit dans les années 1930, bien avant que l'on sache, ou veuille comprendre, que le Mal l'avait emporté sur le Bien.

On aimerait que la lecture d'*Inconnu à cette adresse* ne soit plus utile aujourd'hui et reste seulement le témoin d'une époque. En espérant qu'un jour ce soit définitivement le cas, lisez-le et faites-le lire.

Laurent Ruquier,
mars 2015

La programmation d'*Inconnu à cette adresse* au Théâtre Antoine, grâce à Laurent Ruquier et Delphine de Malherbe, constitue l'une de mes grandes fiertés. La chance de notre métier, c'est de porter et de défendre des textes qui ont du sens et de jouer pleinement notre rôle de média auprès des spectateurs. La récompense, c'est quand un texte auquel on croit, pour lequel on a envie de se battre, rencontre le plus grand nombre et réussit ainsi à diffuser un message.

Comment bascule-t-on dans l'horreur ?

Comment tout à coup, devient-on un salaud… ?

Comment peut-on renier ses amitiés, ses valeurs ?

Comment, inexorablement, des vies se désagrègent, des amitiés se déchirent et l'irréparable se commet ?

Tous ces enjeux sont au cœur d'*Inconnu à cette adresse*. Grâce à nos distributions brillantes, nous avons hissé ce texte sur le devant de la scène. Même si notre époque en Occident est particulièrement paisible par rapport aux années 1930, nous savons que la barbarie guette et que l'homme est capable de chevaucher ses vieux démons et d'oublier toute fraternité.

Inconnu à cette adresse reste d'une cruelle actualité et sonne à nos oreilles comme une urgence, celle de considérer que se battre pour défendre nos démocraties est une ardente obligation, afin que la liberté et la démocratie ne demeurent pas un accident de l'Histoire.

Jean-Marc Dumontet,
mars 2015

Gérard Darmon et Dominique Pino

Patrick Timsit et Thierry Lhermitte

Thierry Frémont et Nicolas Vaud

Bruno Solo et Samuel Le Bihar

Richard Berry et Franck Dubos

Gaspard Proust et Stéphane Guillo

Élie Semoun et Jean-Paul Rouve

Pascal Elbé et Stéphane Guillon

Michel Boujenah et Charles Berlin

Jean Benguigui et Martin Lamotte

Ariel Wizman et François Rollin

Patrick Timsit et Tchéky Karyo

Thierry Frémont et Patrick Chesnai

Francis Lalanne et Dominique Pinon

Éric Elmosnino et Jean-Pierre Darroussi

Remerciements

Les Éditions Autrement souhaitent remercier chaleureusement les personnes suivantes pour leur aide précieuse dans l'élaboration de cette édition anniversaire :

C. Douglas Taylor, fils de Kathrine Kressmann Taylor

Carolyn Sautter, Molly Reynolds et toute l'équipe de l'université de Gettysburg

Stéphanie Bataille, directrice déléguée du Théâtre Antoine

Delphine de Malherbe, écrivain et metteur en scène

Laurent Ruquier, directeur du Théâtre Antoine

Jean-Marc Dumontet, directeur du Théâtre Antoine

Michèle-Lévy Bram, traductrice d'*Inconnu à cette adresse*

Benjamin Barnier, collaborateur enthousiaste.

Crédits

Les documents ci-dessous proviennent des archives de l'université de Gettysburg : *MS-086 Kathrine Kressmann Taylor (Rood) Papers* – Courtesy of Special Collections/Musselman Library, Gettysburg College, Gettysburg, PA., et ne peuvent être reproduits sans leur autorisation.

Première de couverture de *Story Magazine*.
Première de couverture de l'édition de Simon & Schuster, 1939.
Page de titre de l'édition de Simon & Schuster dédicacée par Kressmann Taylor.
Extrait de l'interview de Kathrine Rood par David Hedrick, responsable des « collections spéciales », le 6 décembre 1993.
Extraits de l'hommage à Kathrine Taylor prononcé par les membres de l'université de Gettysburg à l'occasion de son départ à la retraite.

Deux photos de Kathrine Kressmann Taylor provenant des archives de l'université de Gettysburg : *Gettysburg College Photograph Collection.*

Les photos des duos d'acteurs ci-dessous ont été prises par Gaël Rebel :
©Gaël Rebel

Thierry Frémont Patrick Chesnais
Éric Elmosnino et Jean-Pierre Darroussin
Francis Lalanne et Dominique Pinon
Patrick Timsit et Tchéky Karyo.

Les photos des duos d'acteurs ci-dessous ont été prises par Victor Tonelli :
©Victor Tonelli/ArtComArt

Pascal Elbé et Stéphane Guillon
Patrick Timsit et Thierry Lhermitte
Stéphane Guillon et Gaspard Proust
Jean-Paul Rouve et Élie Semoun
Samuel Le Bihan et Bruno Solo
François Rollin et Ariel Wizman
Gérard Darmon et Dominique Pinon
Richard Berry et Franck Dubosc
Thierry Frémont et Nicolas Vaude.

Table des matières

Achevé d'imprimer en juin 2015 chez Grafica Veneta, Italie,
pour le compte des Éditions Autrement, 17, rue de l'Université, 75007 Paris.
Tél. : 01 44 73 80 00.
ISBN : 978-2-7467-4188-1. N° d'édition : L.69ELFN000391.N001
Dépôt légal : juin 2015
Imprimé en Italie.